BOMB
DEAR
MY YAMAMOTO YOHJI

山本耀司：我投下一枚炸弹

［日］——山本耀司＋满田爱 ○ 著

化滨 ○ 译

重庆大学出版社

柏林 _ *2010* 年 *5* 月 *24* 日

亲爱的耀司：

我之所以给你写这封信，是因我透过媒体了解到，在全球经济不景气之时，你经营的公司正面临一些财务上的困难。

听说你失去了公司的所有权，还被迫停止了几家品牌店的经营，这让我很是难过。

只愿你能顺利克服当前的困境，
身体康健，与家人为伴。
更重要的是，希望你无与伦比的工作能够继续下去。

我现在也面临同样的问题，失去了迄今为止制作的所有电影的著作权。
其中还包括那部我们一起铤而走险制作的《都市时装速记》[*Notebook on Cities and Clothes*]。

唉，这就是别人口中的人生吧！

请回信，让我和我的妻子多纳塔知道，你依然健康如故！
我们对你的爱发自内心，
你的心也一直同我们的心在一起。

献上我最美好的祝福！

你的朋友
维姆·文德斯

东京_2010 年 5 月 28 日

亲爱的维姆和多纳塔：

感谢你们美好真诚的来信！正如你信中所写道的，去年我的公司陷入了财务危机，2009年10月我已经向法庭申请了民事再生法的保护。这确实是事实。但，与此同时一位愿全力以赴支持我的高水准投资者出现在我面前，同年12月我们已经建立了全新的 Yohji Yamamoto 公司。

也就是去年五六月的时候，我因不知如何是好，曾考虑过退休。但，这位新的合作伙伴并无意合并收购我的公司。事实上，我们制订了未来20年的商业计划，我也在合约上签了名。

我失去了所有权，这没错，但我却感到如释重负。因祸得福，以后将不会有遗产纷争、股权纷争这种因金钱而引发的家庭问题了。我的身体状况也比去年好了10倍。

我把这段转折视为我最后一段人生的开始。

我仅有的遗憾是没能和 Road Movies 实现合资。那可是我长久以来的梦想呢……

我过得不错，维姆，咱们尽快再一起制作一部电影吧！

献上我最美好的祝福！

你的大哥

耀司

一

个

男　人

一般来讲，所谓男人，更多地是在找寻一个彰显男人身份的温暖容器。偶尔，他会在聪明的女人身上找到一丝亲情。

在女人身上，只要男人看到一丝膨胀的自我，便会厌倦她身上眼花缭乱的女性气质，甚至会轻视她。而极欲抹杀这类女人影响的结果，则会促使男人转身找寻他更容易掌控、更容易玩弄的那类女人。

毕竟，男人不允许任何人凌驾于他之上。诚然，于最基本的社会契约、社会习俗之中，在与毫无关系、完全陌生的人擦肩而过互相点头致意这样的瞬间，男人也有突然找到人生幸福的小题大做之时。但，男人爱的也还只是他自己而已。或许可以这样讲，这样的社会习俗才是人类社会中孤独的最完美体现。

而女人则会深深爱上男人身上这种可悲的脆弱。女人若是在男人受伤的灵魂之中止步不前，一门心思地想要爱护滋养他，那么她的一生将在泪水中度过。倘若女人将男人放在她的掌心，以"my dog is working like a dog［我丈夫工作如此勤奋］"为对男人最高的赞誉，那么这个男人大概会一生伴其左右吧。

——这，是我曾爱过的一个男人的故事。

1 · 凌晨3点的女人

电话是她打来的。

时钟告诉我，此时是凌晨3点多。我的意识，徘徊在酒店房间人为制造的黑暗之中，如同一条不幸被钓到的鱼一般，把我因那安眠药而沉重不堪、倒卧在床上的身体从深处拉扯到水面。我先挂断了那通电话，却又不知为何牵挂起来，转念找寻她的号码。

"唉，你这家伙到底在哪儿呢？"我问道。
"刚刚才把我赶出去，你还好意思这样问。"
"好了，好了，你过来吧。"

门铃响了，我拖着沉重的身体打开房门。她"嗨"地问候一声，从我臂下钻进房间。

——你人还真不错。她说道。
我刚刚在想你是不是有点寂寞。

——寂寞倒是谈不上，是有点无聊吧。
是无聊啊，我倒是挺理解的。

她从冰箱里拿出一罐番茄汁，豪爽地倒在香槟杯里，一口气喝了下去。没有片刻休息，马上躁动地在房间里走动。"房间里太热了""房间的窗户打不开吧，是不是？""我口渴得很，给我杯水吧"。终于平静下来的时候，她已经浸在浴缸里，哼唱着什么。

"刚刚在电话里面，你听起来有点生气啊。把我当成一个人，你当然会生气。要是把我当成一个女人，你就不会生气了吧。"

浴室里回荡着她的声音。

"废话不必多说，你过来就是了。"
"好啊。"

说着，她便滑入我的怀抱中，至少那一天是这样的。

"肩膀比石头还硬，最近累坏了吧。"
"是啊，最近一直很多事情，一根弦一直紧绷着。已经很久没有真正放松下来的感觉了。"
"真正放松下来的感觉？一直都不会有吧。但你至少要先解决你这硬硬的肚子。"

说着，她用左手的指肚揉起我的腹部来，然后把耳朵贴在上面，好像在听贝壳里的声音。

"你还会继续你的创作工作吗？"

我拿起床边的香烟，将它点燃。

"我也不知道。"

"你看，下雨了呢。"

窗外浸湿的樱花树，比想象中更能经受风雨的考验。树枝上樱花的五片花瓣向着天空，好像雨水的容器一般。

"你爱上过谁吗？"她问道。
"爱过太多的人。"
"是吗，我只爱过一个人。真正爱过的男人只有他一个。"

我吸了一口烟。

"我从来没有爱上过任何一个女人，疯狂得愿为她倾其所有。再说那样的感情也不会长久。"
"你确实说过你已经放弃了和一个女人私奔的梦想。"
"没，我还没有放弃。"

"我赖以为生的工作，与画家或作家不同。以动物为喻，我必须成为动物世界里领导兽群的雄兽，脱胎换骨保持领袖地位的雄兽。偶尔我会想，当我这样的人彻底筋疲力尽时，多希望身边有个人对我说：'耀司君，你真的累了呢。'如一汪柔水般抚慰我的心灵。可以想象，找到这样的人时，她们也会对我说，'我可不是你的妈妈啊''我经营好我自己的生活就够忙的了'之类的吧。"

那女人俯卧在我的胸前，扑哧一下笑了起来。

"到现在都没有遇到一个好女人呢。"
"看你这话说得！"

"我知道，好女人可不会讲那样的话。你是什么时候开始不相信女人的呢？一定有这样一个让你着迷、让你深爱的女人，你们彼此相爱，她却抱都不愿意抱你一下。"
"是啊，我恨女人。"

女人的左手轻轻滑到男人肚脐之下，一下子脱下男人的睡衣，深深潜入肌理细腻的白海之中。

"她一定说你是个彻头彻尾的自我主义者。"

她转头看着我。

"我可不愿意被她这么说。"
"我可从来没觉得你是个自我主义者呀。"

"总之，我是个贪婪的人。"

2 · 家长日

所有的男人，基本上都有同样的感触。无一例外，每个男人都想逃离现有的人生，在某地找到如意女伴，和她一起出逃。 但大多数男人却不会轻易这样去做，这是个事实。

作为人降生在这个世上，多少都会有所烦恼，有所思考。然后这些思考就会衍生出杀父弑母的想法。找到心仪的女人，也做不出到民政部门登记结婚这种愚蠢的举动。问题是男人为何偏偏要这样去做呢？很简单，他们只是单纯地选择了扼杀他的自我及其强烈的欲望，而不去伤害家人的感情。为了这个选择，他们只是一味地忍让而已。

所以，这也是一个愚蠢的选择。

人生继续人渐老，越来越常见的状态是，人们难以按照青年时立下的人生信条来应对问题。我早年确立的原则有二，第一是决定离开主路而选择少有人走的人生道路，第二是接受心照不宣的共识——以换取自我的完整的独立性而远离他人。我曾决定一生恪守这样的原则，我始终相信我的一生应该毫无缺憾，做尽应做之事，这便是我的人生。

时至今日，我依然如此坚信着。

但人生总有一些不期而遇。

年逾50的我，一日突然被一位长年为我奉献着人生的女人告知，她要生个孩子。"哦，是吗？"我问道。她继续对我说，"我是要为你生个孩子。我知道你一生优柔寡断，这我是理解的。但我想要生一个你的孩子，所以先去医院检查看看吧。"

在我看来，她的这般举动想必是作为女人的人生的最后一笔。

我没有任何拒绝的理由，于是一个一个地约当时交往的其他女人们，仔细地告诉她们事情原委要求她们和我分手，她们都爽快地答应了。而后，我接受了由她指定的医院的孕前检查，并收到了合格证书。数月后，女人怀上了我的骨肉。

几年后的一个盛夏，我受邀参加那个孩子的家长日活动，来到位于长野县山中的一家陈旧的旅馆。学校租下那家旅馆，在那儿举办了夏令营活动。上午的课程一结束，孩子们欢声一片地出现在里院的草坪上。约莫第七个跑出来的就是我的儿子，看到很久未见的他，我眼前一亮，儿子似乎也注意到了我。他偷偷斜眼瞄了我一眼，马上和其他学生跑开了，再没有回头看我一眼。

我不知道他无视我是出于尴尬还是愤怒。儿子那时只有4岁大，我从几十米外观望着他，他却微妙地控制自己的表情，尽量不流露出感情。我在想他到底知不知道我是他的爸爸，如果他知道却又装作不认识我，只有一个解释就是我曾深深伤害了他。那一瞬间，我的身体好似被一种神秘、强烈的药物控制着，软得如瘫痪一般。

儿童有这样一段可爱时期，彻底补偿他们一生中为父母带来的担忧和苦闷。作为父亲，我注定要让孩子快乐幸福，我绝不希望自孩子口中听到"爸爸去哪儿了？"这样的话语。面对这样源于人类最原始的、最不可控制的可爱一击，我完全沦陷了。

虽说这个孩子的出生有不得已的一面，但他身上有我的影子。
他身上，有我幼年时的影子。

3．虾虎鱼的脸

"他们发给我一身夏季制服，我想我会去南方吧。"

男人自己这样说道。

11月一个寒冷的冬夜里，我背上趴着睡着的你，在沟口站为他送行是和他的最后一面。他进站的时候，我和他握了握手。

从母亲那里听来的，这个情景。

还有，常常想起的，三个光景——

　　　　一

寄养在母亲的娘家，茨城县大洗的时候，我只有三四岁。被祖母和曾祖母艾灸的痕迹，至今还清晰地留在我的肚脐上。虽然正值最需要母亲、寂寞得常常哭泣的年岁，我却享受着祖母和曾祖母无微不至的爱护。那时的我，是个幸福的调皮小孩。

我常常到海边去玩，那时还有很多宽广的海滩。大奶奶坐在浴室小板凳上，守候着在拍打着浪花的岸边玩耍的我。离大海那么近，很危险哟！——小奶奶的声音在回荡着。不可思议的是，我并不会因为母亲不在身边而感到寂寞和忧伤。每当她从东京回来看我的时候，母亲的光辉总让我不敢凝视。

二

家里保存着这样一张照片。那是在昭和十八年［1943］10月3日出生的孩子1岁零1个月大的时候，剃了光头、穿着军装的父亲抱着他拍摄的一张。父亲是哪一年被招的兵？仔细算下，就发生在战争结束前不久。那一年，父亲36岁，属晚婚。

大约是在我刚上小学的时候。一直期盼着父亲归来的母亲为了安抚亲戚和邻居，决定为父亲举办一场葬礼。那是一场没有父亲遗骨的葬礼。战亡公报上写着"战死于菲律宾碧瑶东部山地的激战之中"，寥寥几字而已。

父亲的遗骨至今尚未归来。

葬礼结束后，年幼的我骑着三轮车沿着稻田间的小路，一直骑，一直骑，直到太阳落山。

三

高中时代，忽有一日，我向终日勤奋工作的裁缝母亲问道，"为什么我没有爸爸？"我这样做，并不是因为我感到悲伤，而一半是出于想让母亲为难，一半是出于青春期不安的躁动。就这样，我一次又一次地问母亲为什么我没有父亲，这让母亲十分苦恼。

长大成人的我，一杯又一杯地往肚子里灌着并不十分喜欢的威士忌，玩弄着女人，没日没夜地游荡在东京的街头，靠安眠药才能入眠。

我出生在被战火烧尽的东京新宿区中心，我的世界里没有肩扛神轿的节庆日，甚至没有神道教本身。

年幼时，在外面玩着投球游戏的我，一次投出的白色软球打中一台漆黑的汽车。球轻轻在车身上留下灰尘的那一刻，有人用力地打了我的头。

另一日，我挥舞着手中木刀玩耍。将木刀高高举过我的头时，我听到重重的敲击声。转过身来，我看到一个红着脸的美国大兵，双手捂着头。内心因闯祸而十分胆怯的我蜷缩在一旁，而他却不留一言地走开了。我还记得那时我想着还是美国军人心地善良。

作为战争遗孀的母亲，为了养家终日苦心经营新宿歌舞伎町的裁缝店。

母亲的妹妹，我的姨母，视我为己出。为我请家庭教师，送我去私塾读书。五年级的时候，我自就学的公立小学转校到了晓星学院。

晓星学院距"神社"仅几步之遥。从中学到高中，我自新宿搭乘12号线直到九段山上，斜插入"神社"从后门进入学校。我从没想过"神社"里供奉着因战争死亡的父亲，我的注意力全集中在走在神社的碎石路上时发出的嘎吱嘎吱的声响上，那声响伴随着脚底特有的触觉感受。而我只对那碎石路有着不可思议的眷恋，这种眷恋至今都未曾改变。这是一条纯粹而令人怀念的上下学的路，我从未想过父亲被供奉在此，每天都会经过。

查阅文献，我发现战争末期甚至没有送士兵去南方的船只。那时使用改造的渔船，削一段圆木桩伪装成炮筒，船体全部漆成绿色，船底布满如蚕茧般的吊床，装满士兵，将他们运送至南方前线。这些渔船如被美军潜水艇或轰炸机发现，便会被击沉，击沉它们也简单至极。

这些士兵当中，毫无疑问，有一位便是我的父亲，是我唯一的父亲。

父亲的遗骨至今未归。如战死公报所述"战死于菲律宾碧瑶东部山地的激战之中"——在脆弱的时候，我像女人般琢磨，"我该如何接受父亲早逝的荒谬理由？我又该如何去面对这个事实？"

我曾经这样奉告母亲，"无论您要去做什么，您不可以加入'日本遗族会'。"她流露出不可思议的神情，凝视着我说："为什么你会说出这种话？"

秋分时节是钓鱼的好日子
虽然时日尚早
我受邀参加虾虎鱼的垂钓
蓝天下平静的东京湾
阳光耀眼，酷暑难耐

——这条炸成天妇罗
　　鲜美无比，但
　　请仔细看看虾虎鱼的脸
　　怎么恰似人的面孔

行方君那快乐爽朗的笑声！

——鱼脸和人脸都一样
　　它们毕竟是人类的远祖

尽管我的回答陈腐，我还是说出了口
另外一半话语随着口水吞入肚中
时值正午时分，传来战败的消息
听着天皇广播，他的母亲临盆生产
他思量着为何诞生到这个世上
这段故事他常常提起，也深感自豪

行方君的祖母居住在东京老街

蛎壳町　身体康健

[秋分的虾虎鱼——中风的良药]

自古的老话，我已知晓

——那一年我出嫁

　　还清楚地记得关东大地震

　　日俄战争纪念日的大空袭

　　我也勉强逃生

　　两次灾害都有万人葬身隅田河

　　烧死的，淹死的

　　我问你，东京湾里的虾虎鱼是吃什么长大的？

　　有人一生都不肯吃它一口 *

---

* 　山本耀司《东京湾小故事》，选自《好，我要出发》专辑。

作词：安西均／作曲：吉川忠英，1991年东芝 EMI 唱片公司出品。

青年时代，我曾立志成为一名画家，但想到为了养育我辛苦工作的母亲，我选择了一条不至于让我贫困潦倒的路。最终，为了让母亲满意，我考入了全是富家子弟的名牌大学，不出所料，大学生活的第三年，我沮丧地发现那里所有的一切对我都毫无意义。

我动身前往欧洲，踏上西伯利亚铁路，展开了这段旅程。

这段路程最终把我带到罗马。记忆里最清晰的是这座城市令我气愤——任何一条隐匿在大道后的小巷里的任何一幢建筑，都有段历史将她描述，有段轶事和她有关，或有种莫名的意义赋予在她身上。这样的感受让我难以放松地一眼即过。整个城市好似一家博物馆，让我兴奋得胃液翻滚。

人类不论年轻或者年迈，他们与生俱来都有一种被理解的欲望，并通过创造和语言让别人知道他们的存在。从这个意义上来讲，也许我的工作本身可以被看作一种华丽的自我表现欲的折射。我在罗马那一日意识到的，却不尽相同。面对日渐严峻的环境问题，我认为仅仅是呼吁环保、召集志愿者这样远不及彻底摒弃人造的体系、辩解的集成和堆积如山的垃圾来得有效。或进一步讲，为了地球牺牲自己才是上策。

向河道丢弃有毒物质的人们只有在死鱼浮出水面的时候才意识到问题的严重，与那一刻的绝望。我感到某种联系，而这样的情愫促使我委身于这个世界的"名利场"中，创作起与必需品毫不相干的事物来。当我开始做衣服时，我仅仅是想让女人穿上男人的衣服。当时的日本女性通常穿着从欧洲进口的、十分女性化的衣服。而我就是讨厌这个。

大学毕业后，我找不到自己的方向。不经意间，我向母亲提议要在她的店里帮忙，母亲听到这番话后愤怒不已。这样的反应再自然不过，因为母亲盼着我大学毕业后可以在大公司找个差事。她训导我说，如果我的想法是认真的，我至少应该去学习基本的剪裁。我随即登记入学到一所服装专业技校，周围挤满了新娘修行的女人们。我在她们中间，终日无聊地摆弄着布料，思索着什么才是一份男人的工作。

课程结束后，我到母亲的裁缝店帮忙。贵妇们常常带着从杂志上剪下来的图样，要求我制作出一样的服装。为她们并不玲珑的腰身量着尺寸的我内心烦躁，心想在她们身上怎么也做不出杂志的效果。这是我讨厌的。

新宿区歌舞伎町这条街上充斥着以取乐男人为职的女人们，这更加剧了我的厌恶感。正是她们形成了我童年时期对女人的认识，因此我决定不惜代价，避免做出那种在男人眼里显得可爱的、像萝莉一般的女装。

……电话铃声突然响了起来。

"昨天没来上班吧？"
"昨天没有什么特别需要完成的工作，我就在家稍事休息了一下。"
"住在酒店里，一日三餐都有好好吃吗？"
"好好吃了。"
"那就好。"
"嗯。"
"还有，你的头发太长了吧，是不是整理下比较好呢？"

一大早，是谁打来的电话啊……

——是我的母亲。

等下别挂啊，老妈，
让我说句话吧？
拜托您，不要再管我了。
我的年龄已经快是您老公生前的两倍了啊。

还有，老妈，
再让我说句话吧？

拜托您，不要离开我，
不要只留下我一个人。

……我要累死了。

"我这就过去。"

说着她卷起裸色的丝袜。

"等下，您就这样丢下我走啦？"
"我要上班啊。"

我知道，我知道，我知道啦。

那时，俄罗斯航空的座椅将屁股坐得生疼。
这时，一等舱座椅上的烟灰缸却不见了踪影。

4 ┃ 没有壳的寄居蟹

"妈妈，妈妈，有没有没有壳的寄居蟹啊？"

"没有壳的寄居蟹啊，妈妈没见过呢。寄居蟹肚皮软软的，不住在贝壳里面会死的。"

"是吗？但是贝壳坏掉了它怎么办？"

"就搬家到别的贝壳里面去咯。"

那天下雨的时候雨滴很大。放学的路上，你仰着头望向天空，大声叫嚷着，在雨里转圈圈。你那个时候10岁。就是这样，唯一的不同是你现在已经60岁了。

最近我都记不起你的模样。现在想想，那天没有月亮。

你突然想要逃开的时候，记得要联系我。那时候，不管我们各自过着怎样的人生，我们约好在38号门那里不见不散。

这就是我们那时的约定。但那一天，我们确实飞到了地球的另一边，你还记得吗？

到了那边，我们先要找套阳光充足的公寓。然后，我们要去找个舒服的酒吧。那里如果有你心仪的女人，我用西班牙语帮你搭讪，把她拉到你身边。那么客厅就需要有个大沙发了。

——对啊，要有一张床，一百多本书，电视有没有倒也无所谓，我们不需要浴缸，有淋浴就够了。准备3天需要的衣服，公寓里再放一个旅行箱就完美了。

我们当时就是这样约好的，我们也确实找到了一套有公用厨房的公寓，对不对？一层走廊响起电话铃声，深夜里我常常被你叫出去，到街角的酒吧去接你。

多年以后，尽管你已经骨瘦如柴，我还是想和你在一起。但，在那之前，你却任性地自杀，离我而去。

我按照你常常说的，将你的骨灰撒向大海。那片翠绿的海，蔚蓝色，无边无尽。骨灰盒中那片灰色的微粒子好像被海浪偷走了一般，倏地消失不见。

这片海，本与你我无缘。但它却与你儿时玩耍的那片海相连。

还连着，你以一生为赌注找寻的那片海。

喝酒的时候，我希望有机会可以和坐在隔壁桌的陌生人讲述这段故事。

但，我清楚地知道。

等到天荒地老，也等不来你的电话。

走上旅程，我兜里有钱
买梦，我兜里有钱
我也能为她买来一段生活
但为什么，为什么我的背脊感到一丝凉意
奇，奇怪

奔跑的一生，不停歇
到达的终点，总会有
没什么能让我悲伤
只是背脊上那一丝凉意

过分认真地为那一天而活
我不能为那一天而活
好，我要出发。时间已到

窗外司空见惯的风景
却好久不曾见到
玻璃窗外，布满污点和灰尘，同我一样
喜爱的绿色被黑色覆盖
新发的嫩芽，散发黄绿的亮丽色彩

好像我有点太过慵懒
好像我有点过于担忧
别发牢骚，会被人耻笑
要挺直腰杆做人

过分认真地为那一天而活
我不能为那一天而活
催促自己，马上出发

奔跑的一生，不停歇
到达的终点，总会有
没什么能让我悲伤
只是背脊上那一丝凉意

为那一天而活的意义在于
没办法为那一天而活
好，我要出发。时间已到 *

---

* 　山本耀司《好，我要出发》，选自《好，我要出发》专辑。
作词／作曲：sion，1991年东芝 EMI 唱片公司出品。

对你来说，贫困潦倒时用最后几个硬币买来的啤酒的味道，与在半岛酒店的房间里穿着柔软的浴袍喝着的冰香槟的味道，并无差别。

今天，太阳依旧升起。

当然，我无意揭露你明知故犯，违背自己原则的那一面。

你，就是你。
而我，就是喜欢你。

拖着那沉重的身体起身面对镜子笑一笑的我，看到的是一副男人的躯壳。那女人的话语，在我宿醉不清的脑海里灿烂地回响。她讲了太多。她又了解我多少？开始时，女人静谧得如同森林深处不为人知的一汪湖水。徐徐地，黄色的小鸟开始了它们的繁殖，不久，湖面就布满了它们的身影。

可能，我已经没办法和年轻女人住在一起了。

年岁越大，不和谐之音就越多。我已经可以很清晰地听到，体内的细胞一个接一个消亡的声响。如此一来，人这种生物便会开始找寻这些不和谐音的终点。这个过程对过着玫瑰色人生的人来说更费神，因为他要开始去找寻一个解决方法——

"'解决方法'是？"

她又对我发问。

——如何去死，你选择的死法。

"在工作中突然倒下，送往医院时得知自己已病入膏肓，只有数日残命。对于我，这便是理想的方式。"
"是吗？像是一种自我牺牲，为了某样重要的东西。"

她继续轻声问道。

——自我牺牲？没有比这更帅的事了吧！更像是逃亡时的猝死。而我总是逃离进工作中，所以我希望自己在走完人生的那一刻，是被工作掩埋的。好，我要出发了，还有工作要做。我还有工作要做，过阵子再见！突然来了工作，我不得不走了。抱歉，我的宝贝。

火葬场铁门沉重地关闭那一刻，
我想，下一个便会是我。

5 丨 杜鹃花与死亡

5月，我讨厌的杜鹃花盛开的时节。

她说她的父亲忽然病重，要回老家探望。于是我决定陪她一起去，带上我们的儿子。一家三口坐上新干线，一路向西。碰巧赶上国家规定的黄金周长假，到处都充斥着外出的人们。

每年的这个时候，成片的杜鹃花都骄傲地盛开在遍布日本列岛的铁道护栏边上，不知道这天杀的是谁所造。单单只是想到这些杜鹃花，不知为何心情就会不好。

到了医院，才发现亲戚们都到了。

躺在病床上的岳父身上接着3根管子，每当护士帮他起身时，我们都可以看到无数个内出血造成的血点。他曾是那样健壮、独立的男人，现在却只得接受这个被安置的事实，别无他法。

我突然感到一阵疲劳袭来，独自一人走出了医院。

街道两旁，杜鹃花依然繁茂地盛开着，那花朵好像女人张开的双腿。上千朵杜鹃有着介于淡紫和粉色之间的颜色，在昏灰的街灯的映照下，看起来更像假花。刚刚发芽的新绿嫩蕊，把花朵落在枝后，一个个争先恐后地蓄势待开。

黄色的运动衫静静地睡在长凳上

卡其色的长裤折放一旁

年轻的额头上睡着深深的皱纹

寒冷的清晨来到被遗忘的公园

大厦间一条害羞的天空

埋在臂弯的细鼻梁和

微微张开的嘴角，孩童一般

令我讨厌的杜鹃花季马上到来

你这般年轻的人儿是否把这当作结局？

充斥内心的野心和冷漠与那双穿破的鞋子

不自然地清咳

老人和狗悠悠走过

不满的出租车紧急刹车

春天，来得太晚，来得太慢

春天再来时，你是否还在

令我讨厌的杜鹃花季马上到来

令我讨厌的春天马上到来

令我讨厌的杜鹃花季马上到来 *

---

* 　山本耀司《杜鹃花，狗和黄色运动衫》，选自《HEM–Handful Empty Mood》专辑。
作词／作曲：山本耀司，1997年 Agent Consipio 出品。

夜已过半，家庭会议开始了。

病榻上马上结束人生使命的他；他那终于完成父母之责的后人；还有，刚刚开始创造未来人生的新婚孙儿夫妇；还有在我50岁那年出生、找不到他的同龄人的儿子 。但他的位置也是孙辈。

这样奇妙的成员组合继续着家庭会议，1个小时过去了，2个小时过去了，在一件事情有定论前又开始谈论另一个话题。会议结束的时候，也一定不会产生任何结论。

一周之后，岳父大人驾鹤西去。他的死也许是他最后的抗议。

我对自己的生父一点也不了解。当我还在襁褓之时 ，他应征去南方的前线，至今遗骨未还。父亲空空的坟墓里，只有一部他生前极其喜爱的徕卡相机静静地躺在里面。

是否会有那么一天，我的愤慨可以消失不见？

不能闭合的嘴巴，
忘却所有的抵抗，
接受一切事实，
分不清男或女，
超脱自己散布的虚伪，
遥远的地平线，
成为脉动空间的外皮，
模糊不清的世界里，
开始呼吸的那一天，
是否会来到。

6 , 贴着我的心，挨着我的胃

Missing Somebody［想念某个人］。灵魂深处，自孩提时代起，便有一种"少了点什么"的感觉围绕着我，挥之不去，仿佛有一个最亲密的朋友缺席了我的人生。这是我滑稽地、丑角般地渴望接近人们的根源——被他们喜欢，为他们所用。毫不夸张地说，也是这种感觉引导着我走到今天。

我在女人身后追赶着她，如果她转过身，一切都将结束。结束意味着结束。

正是这个原因，我只是追寻。追寻着女人的背影。

我珍惜每一个情景中产生的情愫，尽管它可能转瞬即逝。我全身心地应对，毫无保留。不在乎我面对的是伟人，是陌生人，是心仪的女人，或是其他任何人。女人们常常将我人格的这个侧面形容为温柔……抱歉，我可不值得这样的赞许。我只是别无他法，因为强烈的不安折磨着我。其实，有些瞬间我是个无情无义的人，我只想对突发状况迅速作出反应而已。

任何降生到这个世界上的人，都会遇到不得不去思考事物本质的那一刻。他们开始对"为何会降生到这个世界？"之类的普遍性问题感到强烈的焦躁不安。这样的焦躁不安最早出现在十几岁的时候，有时，这种感觉强烈得让人想到"妈妈，我知道这样不对，但你能不能去死！为什么事情要发展到这个地步？"各种叛逆油然而生。这些愤怒的年轻人就是叛逆的小鬼。

永远，不过是一群肮脏愤怒的小鬼而已。

时光年年堆积，他们便到了厌恶自己存在的下一个阶段，他们开始考虑自己的死法。不知从哪里，他们听到"弃老山"这段讲述丢弃不能再做贡献的无用老人的民间传说，那故事好像手风琴的乐声乘风而来。"把没用的老妈子丢到山里有什么不妥，"他们说道，"听起来完全符合逻辑，不是吗？"

这时，又有另外一个自我浮现在心中，这位新登场人物执拗地停在那里。这另一个自我，一日，信手写下一段歌词，弹着吉他开始歌唱。周围的人群，仅仅作为人群，称这个禁锢在他们误解声中的男人为垮掉派诗人。为何竟落得如此尴尬境地。

人生，最终不过是一场催人泪下的闹剧。

有多少部一生都不必阅读的文学经典？会不会我连和有夫之妇的

不伦关系都没能体验就这样死去？

我身上没有一点值得我骄傲的东西，
只是索取现成的，
我感激上天赠与我的礼物，
总有一天会轮到我，
内心深处冷静地明白这个道理，
我选择简单的生活。

现在，你乘着木筏，自我眼前顺流而下。
你的木筏上，我没有看到划桨。

浮浮沉沉，沉沉浮浮，你孤身一人，顺流而下。

时光飞逝。
是啊，时光流过。

现在只能说到这里。
想说下去，却又不知该说些什么。

心中的一角，靠近胸膛的地方
抹不去忧伤的理由

可能因为那时的我正疯狂地寻找着什么
那时的你我在别人眼里还算年轻
我更喜欢那时的自己

面对镜子中的自己笑笑
镜中有副男人的躯壳
如果只有身体一直健康
我想，那也难以忍受
如果头发一直柔顺飘逸
我想，我一定难以忍受

无所依靠，如同少年一般
有些寂寥，有些古怪
年华老去，如同少年一般
有些哀怨，有些心动

贴着心，靠着胃的地方
丝丝痛楚，令我哭泣的理由

可能因为我多少有些悔意
对被生活玷污的周遭
对被我伤害的人们

努力经营自己的人生
是否可以成为辩解的理由
追寻自私的梦想而疲惫不堪的我
是否成为别人的笑柄
我才意识到这些
而我已走到如此之远

无所依靠，如同少年一般
有些寂寥，有些古怪
年华老去，如同少年一般
有些哀怨，有些心动 *

---

* 山本耀司《贴着我的心，靠着我的胃》，选自《好，我要出发》专辑。
作词／作曲：山本耀司，1997年东芝 EMI 出品。

7，早晨的咖啡

最近，我总是很早醒来。天气好的时候，我会在几步之遥的那家咖啡厅里用早餐。梧桐树散发香味的清晨，感觉最好。

总是坐在阳台的座位，总是同一位服务生，总是同一句问候和一段简短的对话。每天，我都会叫上一杯牛奶咖啡和一份煎蛋卷。对面桌总是那一位先生，他总是读着同一份报纸。

——清晨的阳光，微妙地变换着角度。总有同一对夫妇，遛着他们的小狗。斜戴贝雷帽的老者，手里拎着拐杖信步走过。

"来观光的吧？"

长者转过头，背对着我这样问道。

……我脸上挂着笑容，早上的第一支烟味道甚好！

我想我到现在还爱着这个男人。

曾经有一次，我的丈夫、两位来自海外的女生意人、这个男人和我，五个人一起用餐。记得好像吃的是中国菜。那一天实在闷热得厉害。一个个只身赴宴的都迟了许多，等五个人到齐就座的时候，已经晚上10点多了。

每一道菜都放在圆桌的转盘上，大家都小心翼翼地转着它。终于上酒的时候，这个男人突然开口说话。

"Hey, do you remember the song, that Bob Dylan wrote for us, that famous song for two of us?"["还记得那首歌吗？鲍勃·迪伦为我们写的那首歌。就是那首为了我们两个写的很有名气的歌。"]

……我可不记得有这样一首歌。可我的举动也不同寻常。我扑哧一笑和他互看了几眼，伸筷子去夹我最喜欢的甜辣酱虾仁。

II

一
位
艺　术
创　作
者

1，柿子果实的故事

一棵柿子树上，结满了果实。

却不是所有的柿子都可以长成成熟的果实，它们中的一些被下了咒语，存在的意义仅是为那些被选中的、幸运的果实提供养分。这样一种宇宙规律控制着万物，而万物皆宇宙。

在我的记忆里，母亲从未在言语上管教过我。我是看着母亲忙碌的背影慢慢长大的。自那以后，母亲每天穿着丧服般的衣裙，5岁的我视线刚好停留在母亲摇摆不定的裙摆上。

往后六十多年，每年母子二人都会到那只有一台徕卡相机的空墓前合掌祭拜。一个阳光明媚的周日，我本该享受这难得的独自一人的闲适时光，却被迫卷入墓地停车场前阿姨们的争吵当中。下一刻，我发现我在为她们指挥交通。

我这到底是在干什么？

小说家坂口安吾描绘过挤奶工家不争气的儿子惹是生非的场景。作家评价道："孩子们所做的事情背后一定有某些令人哀伤的理由。我们一定不能仅仅通过他们的表面行为去加以判断。"接着，他又对有犯罪意图的人提出告诫，"将来，你不能指使别人去偷窃，代替你去作恶。如果你非要做什么错事，就不要波及旁人。要做你就自己去做。无论是做好事还是坏事，你都要自己去做。"［选自1948年坂口安吾的作品《风与光与20岁的我》］这段话几乎是一个人能给他人的最善意的训诫与忠告。

在我的认知里，饰品这个词可以被理解为犯罪的帮凶。这种暗示使得我更讨厌饰品。我好奇人们怎么能忍受把它们挂在自己的脖子和手上。我不明白他们的心理。

在我看来，欧洲的装饰品不过是一场浮夸的游戏，玩弄着掠夺而来的、别国的文化遗产。黄金之所以美丽，绝不只是因为它的光泽，根本原因是它作为商品的价值。我从来都没明白为什么黄金成了世界经济的基础。

我也不喜欢珍珠。撬开贝壳，按照形状好坏分门别类，好的留下，形状不规则的便被舍弃，这样的行为十分残酷。

炫耀自己的财富，追求自己的外在美是人类一种原始的可爱特性。但，这种特性表现得越来越露骨，让我身心很难接受。我会避开那些戴着现代几何图形大耳环的人，若把它摘下来，我们还可以坐下来谈一会儿。

有这样一种果断的智慧，它强大有力，打破旧俗，从根本上否定事物与生俱来的价值。我渴望在这智慧的基础之上，保持一颗有活力的玩心。举例来说，一个佩戴奖章的人，用一朵鲜红的布艺玫瑰花取代奖章的位置；或是一件大得出奇的披肩，失去它原有的装饰地位，而成为一件独立的服装。我们需要的正是这种大胆新奇的时尚感。

愤怒与顺从。我永远无法平息心中的怒火。它将永远伴随着我，但因我依靠自己的力量没有办法改变一切，我只得固执地去顺从。

我的厌恶就像一颗永不能被拆除的炸弹。它就在那儿，贴着我的心，挨着我的胃。

那颗最初挨着我的胃的炸弹，不知何时已经膨胀到我的背部，紧紧地推压着。这种推压感并非来自体外，炸弹从胃的后面慢慢膨胀，这感觉是自内向外的。

我，现在，就在这里。我对未来本就没有多少兴趣。或者，更准确地说，我不相信未来。更极端一点，我甚至不相信明天或后天的自己是否依然存在。还有，我讨厌去回顾，彻彻底底地。

我多么渴望可以做完我该做的，快点回去。回到我熟悉的孤独，回到母亲的子宫里。

现在，我站在这里，朝向来路的方向，一心思索着回去的路。

但，来自我体内的一股相反的力量，却一次又一次地把我往未来那一侧推搡。困在这矛盾的中心，左右摇摆，身体承受着一股撕裂的力量，我，仍然顽强地站在这里。

Ici, maintenant. ［这里，现在］

这是我的常态。世人热衷于社会文明的进步，对此，我已经不仅仅持怀疑态度，更多的是一种对它难以抗拒的厌恶。社会文明不论如何发展，如何进步，人，终究逃不了作为人的命运。

命中注定，人一生要思量自己存在的意义和人生的意义。这个问题往往会伴其一生，到死都找不到答案，但一生中人又在不停地追寻，不停地思量。人终有一死，这个真理为生命赋予了一层特殊的含义。

但，没有答案。
永远也找不到答案。

就像人一样，布料也有自己的生命，生长并老去。当布料被放上一两年，经历自然收缩后，才能显露出它本来的魅力。每一根线都有自己的生命，经过几年的生长，日渐成熟。经历这样的过程，布料才能呈现它曾深藏不露的美丽。

但在现实世界里，每六个月就要发表一个服装系列的规则，设计者没有足够的时间去使用那些"发酵"过的布料，这是不可能的。我不时地会对中古服装产生强烈的嫉妒心，便是来自这个原因。

往往这个时候我会想，"我要设计时间本身"。这样的话语脱离了服装本身，有着它自己的生命。

所以，去发现一种方法，解决这种存在于设计中的悖论——这是仅有的，我对人生投下的赌注。

我买了衬衫和外套。

在镜子中看到穿上新衣的自己，

感觉好像换上一层新的皮肤，通常会兴奋不已。

他设计的衬衫和外套可不一样。

虽然是新的，但好像已经穿了很多年。*

---

* 维姆·文德斯《都市时装速记》，1989。

2 · 人生剧场

这里，我们凭空想象下。

创作不需要刻意为之。当人们尝试去创作，最重要的部分应该开始于全神贯注的观察与凝视。创造力并不来自对知识的掌握，而是由不知从何处捡来的概念所发展出来的。不过是一场小小的游戏而已。

不论哪个领域，对存在这个最本质的问题不抱任何疑问的人，是无法创作出东西来的。

这是一个自问自答的过程。解答的乐趣藏在人生、工作等各种各样的过程当中，藏在意气相投、互勉互利、相互伤害，这样或那样的过程中间。而结果本身并不重要。注意，有些人是"局外人"。他们常常无视所有这些重要的过程，对他们来说，聚会才重要。

如果把人生比喻成剧场，这些人就是观众。降生到这世上的他们可曾经历过身无分文的窘境，可曾体验过血肉之躯的冲撞？他们阅读、看电影，体验着各种虚拟人生，他们大抒己见，装得好像什么都懂似的。他们不去质疑问题的根本，他们已被世界所驯化，习惯把持住内心的平和，他们的意识其实和猪没太大区别。

而"局内人"可不一样。他们生活在不平等之中，内心可容不得半点平和。如果他们真正成为生活的主人公，那么他们内心一直都会保持战争状态。

有一种倾向，有些曾经的"局内人"会把"局外人"误以为是"文化人"，随即开始接触他们。而有这样一些年轻设计者，他们的表演为他们带来了巨大的名誉，轻易地为他人所吹捧。我会提醒那样的年轻人，"你们被宠坏了，这样对你们不好"。但他们已经不会明白这句话的意思了。当然，我可以扮演一个富有同情心的老者，带领他们脱离困境，假装对他们怀有深深的同情和体念。也许他们现在认为我是个混蛋。但有朝一日，他们能够明白我说的话的意义时，我也就心满意足了。

……算了，他们不理解也无所谓。

音乐家们也许会说："音乐是感性的。"然而，为了赢得广泛的认可，他们花费了不少时间，也许是几十年，来磨炼自己的技艺。对时装设计师也是如此，磨炼基本功必不可少。默默地学习，吸收基本知识和技能的时间，也是成为成功设计师不可或缺的一段时期。要知道，连狗都是需要训练的。然后，终有一日，声名显赫的前辈缔造的价值，会突然间变得充满矛盾而不复权威。

感受到这种矛盾前，痛苦挣扎是必然。挣扎着奠定基础，勤勤恳恳，循序渐进。这样长此以往，自然而然地，一种自我判断力和战术便会养成。还需要周而复始、孜孜不倦地研习经典。这时，便可推翻自古以来的所有成就。这个过程和战争并没有什么不同。正如为了赢取战争的胜利，需知己知彼，全面了解敌情一样，一个设计师需要一个彻底的、全面的研习过程。

没有这个过程，则没有胜算。
没有这个过程，则永远找不到属于自己的理念。

经得起时间考验的，方为经典。

简单来说，时装设计师的工作就是与剪裁的一场战争。

制作服装的最初10年，我一直对领子的设计耿耿于怀。我像被诅咒了一般，执着地思量着，"为什么衣服需要领子？有没有什么别的设计可以代替它？"这样的问题。当我开始专心进行男装设计时，终于明白作为头部的出入口的衣领是一种多么精致的设计发明。

从工匠技术层面上来看，也不难发现衣领的张开程度只是顺应了人体需求的必然性。让我们来想象一件前开圆领式样的简单设计，毫无意外，衣领会自然地侧翻成三角形，而这便是翻领的原型。身体前方，颈部周围的布料回翻，自然下垂，便形成了我们熟知的衣领。这样一想，衣领的设计再自然不过了！

而后，诞生了以保护头颈部为目的的、以炫耀为目的的各种极富装饰性的衣领变体。但，我认为衣领发挥的最大最重要的作用在于其自身的重量和存在感。换句话讲，重量不足的衣领飘忽于身体之上，穿在身上自然不舒服。裸露在外的颈部，更会引发心理上寒冷的感觉。时装衣领设计简直可谓时装设计史上的"经典设计里程碑"。

正因为时装衣领托生于身体与布料的自然关系，所以不可以以简单随意的态度来对待。如果我们将衣领想作耳朵，那么衣服的其他主要部分和衣领则需要风格统一。换句话讲，A 种类型的衣服与 B 种类型的衣领便不能配合在一起。经典服装中常见的白色尼姑衣领就好像新干线白色的座套一样。在我看来，依照布料天然垂感制作的衣领便是基本款式；而对自然垂感进行加工的衣领则为装饰性衣领。

观察衣领的版型，便会留意到它飞镖形的曲线。也许把它比作日本刀弯曲的线条更为合适吧。把这样的线条再度弯曲，它便可以服帖在颈部周围。所以说，这个曲线便是衣领的灵魂所在。弯曲的力度、有限空间内的毫米之差，都可创造出不同魅力、不同美感的衣领来。

以颈部为起点，获得生命的曲线构成一种张度。而后这股力道快速垂直地向下延伸，没有丝毫犯错的余地，从第一个衣扣开始最短距离地径直向下而去。这条垂直的线条便是时装衣领的精髓所在。

要留心！没有掌握与经典之美抗衡的技术前，不要掉以轻心地轻易尝试衣领设计。

3 ┆ 偶然串联的念珠

"注意听，布料有太多要与你我分享。"

布料和人体带领你找到属于自己的风格理念。

设计草图决定不了成衣。我曾不厌其烦地强调："注意听，布料有太多要与你我分享。"当一个设计师仔细思量着布料如何下垂，如何摆动，如何自然下垂这样的问题，而且观察仔细时，便会听到来自布料本身的声音："我想成为这样的服装。"是的，布料自己会说话。

共度良宵的男女，清晨醒来，女人会说："我要去洗个澡，把这个借我穿下吧。"说着，她会穿上一件对她来说太大的白色布料衬衫。宽大的衬衫意外地配合女人的身体呈现自然凹凸，而它的光亮则会沿着她的酥胸游走，自然的褶皱则会在她的肘部集中浮现，她的胸前则会映出一抹阴影。制作衣服时，我一直着迷于这种不经意间的魅力。

用心设计偶然发现的魅力，一种矛盾的尝试。

对我来说，解决这个矛盾的方法在于布料的重量和它的张度。因此，我对布料编织的选择极为苛刻。我们不停地讨论着布料是否可以更薄一些，对着阳光观察布料上在纺织过程中形成的小线球能不能再少一点，等等，这样的问题。

看着数千根拉直的线，按照讨论好的设计逐渐成型，有着难以言喻的美丽。而眼中的美丽引发的那种喜悦和莱特兄弟放飞纸飞机，想象着如何载人飞入蓝天时的喜悦如出一辙。

我口中的布料重量和可以测量的物体重量可不同，它指的是布料穿在身上时，以怎样的方式自然垂落，也就是指布料的相对密度。这是十分重要的一点。如果相对密度高的话，布料的自然垂感就很好。而我口中的布料张度指的是织布时每一条经线和纬线的织合程度。如果布料的张度强，那么放在手里你便可以感受到它的重量；反之，布料便会很轻。

但是需要注意的是，经过精心裁剪，布料最终蜕变成成衣，穿到人的身体上时，布料本身的重量便会消失。

举例来说，相对密度高的布料做成的衣服会因为它本身的重量从衣架上滑落。但同样的衣服穿到人身上，却感受不到它原有的重量。这种在布料成为衣服前，已然存在的和谐才是剪裁技术的神秘所在。

制作衣服终归是为了穿上它。只有当做好的衣服穿在一个活在当下，每一分每一秒都经历着爱恋悲情的人身上的那一瞬间，才算最终完成其使命。这也是衣服本来的命运。

设计师的本性也是衣服的一个内在因素。他现在过着怎样的生活？所有这些都如实地呈现在衣服上面，一览无遗。一双巧手，好似调好音的钢琴一般，用心地在一张纸上，画下一条粗线，这，也是整个过程的开端。这条线，而后会在一块合适重量的布料上重生，蜕变成一件衣服，自此开始它自己的生命，并高声歌唱。它歌唱着昨夜不堪的情事，歌唱着今早透过枝叶洒下的阳光。

最后，衣服会脱离设计师的手，实现与陌生人的身体的邂逅。那个时候，穿衣的人会听到埋藏在衣服中的我的那首歌吗？这个事实本身，已经变得不那么重要了。比起穿者真实的穿着体验，比起神秘的穿衣女子那份偷来的愉悦，设计者制造衣服的意图已失去了所有意义。

高级定制，为懂它的人去制造一件完美的物品。这种事一点儿也不符合我的性格，这也是没有办法的事。

人生原本就是一生一遇的不断重复，是偶然性的串连。在这不能忍受的偶然性中，将一瞬间冻结成颗颗念珠，再把它们一颗又一颗地串连在一起，这便是人生。除此之外，恐怕，没有其他的生活方式了吧。

任性地想着年轻便拥有未来，这可是个天大的错误。相反的，我却比很多年轻人拥有更多的机会。年轻人嘴里说着天井太低，压得他们透不过气来。我却从来没有过这样的感受。

在对艺术、概念侃侃而谈之前，要先经历人生的种种。放开体验赌上了一生、感受全身心奉献到工作中的苦与甜，我活着，从中找寻到最大的乐趣。

所有的都源于生活。

4 · 巴黎

我爱巴黎的自由。所有的人都按照自己的想法，放任自己的欲求，四处洋溢着这样的情绪，石板路的缝隙里都充满着自由。相对而言，东京这座城市和她的住民则过于美丽。生活在这里的人们无论去到哪里，都必须要打扮得体，迎合那里的气氛。保持自己的个人风格则会威胁到现状，如同打乱和谐的异教徒般，引发周遭人群的异样眼光。但在巴黎这座放松的城市里，人们不会因你奇特怪异或邋遢不堪的装束而多看你几眼。

1981年，当我刚到巴黎的时候，我没有反抗现状的想法。我只是简单地发布了一些我自己喜欢的作品。而巴黎的反应清晰地分成了赞赏我的和不赞赏我的两个派别。看到这样的结果，我越发期待，并决定再看看他们以后的反应如何。

当然，在巴黎的最初一段时间里，我，不过是一个外来打工的日本设计师。但六七次时装发布会后，人们开始把我认定为巴黎的设计师。

而我的内心总有一小部分，保留了一个顽皮捣蛋的孩童的内心。

他会突然转过身来，对整个世界放肆地吐吐舌头。这样的我，面对他人的赞许，会不自在起来。

人们永远喜欢高级定制的服装，这是个不争的事实。但有时他们也需要一种叛逆的美。我这个来自东方尽头的日本设计师的作品恰好成为他们嘲弄的对象，评价之声随即四处响起。

在巴黎开始的那几年，不过如此而已。事实上我仍然工作在高级定制那坚硬的堡垒里，我所要做的也只是在作品中融入一些幽默感而已。

比如，1986—1987年秋冬巴黎时装展便是以"完美身体的悖论"为主线。我宣布我将制作一组形如铅笔盒的衣服。我脑海中充满了将衣服本身作为欣赏的题材，而丝毫不去考虑穿着它们的女人们。我将强烈的绘画元素融入到设计本身当中。

这个设计也是我针对女性的一个发问："真的有必要如此在乎自己的体型吗？"为何不振奋起精神，挺直腰身，把这套衣服穿在身上呢？尽管你可能有种种疑虑，但一旦你把它穿上，你便会发现它们看起来非常得体。我便是这样玩着不太光明正大的把戏，自始至终，我都体验着惊悚带来的美好感受。只有西方人的体型才是美的吗？我个人认为，决定基调、反映态度的正是款式。

不顾一切，对整体比例的痴迷，恰恰证明了西方审美对日本感知的负面影响。古时的日本文化在裸露的颈部，在背部的弧线中发现了美。不知何时，这样的美感衰退消失，无论男女，都对这种美变得麻木起来。

就我个人而言，自肋骨延伸至腰身、臀部的那条平缓悠长的曲线让我感受到了无与伦比的魅力。这条曲线十分敏感多变，动起来好似巨蛇一般。

技巧绝不是第一位的。对塑形及分量之美的每一份感动决定着一切的开始。一般来说，先有"我要的就是这个！它看起来好美！"这样的感动，而后才去思量布料的用量，决定是使用省缝［一种缝制偏好。为了在平面的布料上呈现立体的效果，使衣服成型。将布料缝制成如同飞镖形状。］还是下摆。

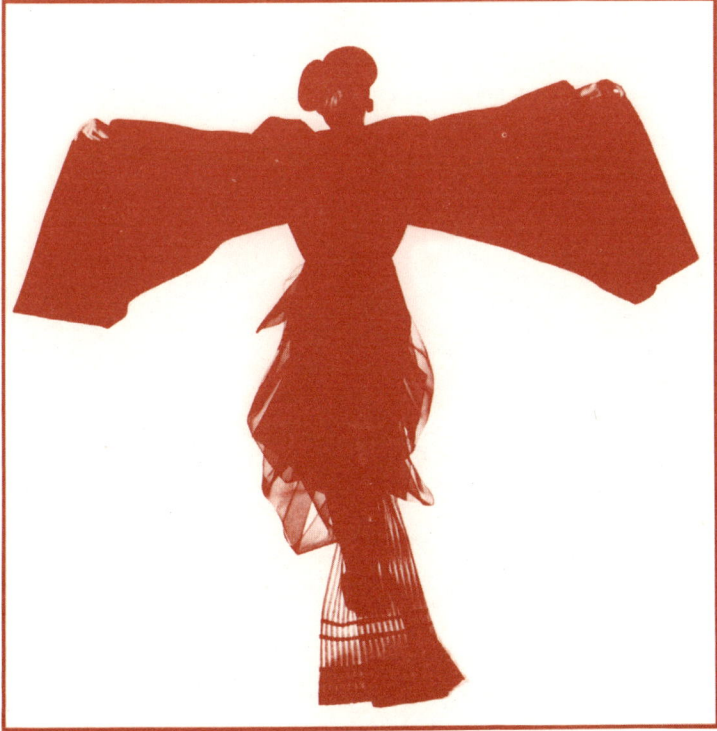

那一天是周三还是周四，我有点记不清了。应该是个周四。我的记者同行们告诉我那一天叫作"la journee japonaise［日本人日］"，是整个巴黎时装周最令人兴奋不已的一天。

那场时装秀是在卢浮宫院临时搭建的帐篷里举行的。耀司和玲［Rei］不可思议地共享着同一个后台，他们其中一位指导秀场的时候，另外一位便会消失在人们的视野里，默默地做着准备。整个帐篷里到处都可以感受到观众的热情和疯狂，没有一个人愿意离场错过这场精彩的盛典。

那个时候，设计师和观众席中的记者及买家的关系非同一般，亲密得如同共犯。时装产业带来的不仅仅是时装杂志，同时还有精品店铺。但这个产业并不总是和金钱有关，在谈及金钱之前，他们只怀有对时尚的爱。

一进到秀场内，便会见到数不清的摄影师站在摄影壁前，好似一群武士手中紧握着圆筒形的武器。他们透过镜头，捕捉着模特们的倩影。我记得有位摄影师对我说过这样的话。

"每当有个模特走到我的镜头前，我便能清楚地了解她时下的生活状态。透过镜头看到她，我马上就能看出她是不是正在谈恋爱，是不是感冒了，是不是对她的人生充满厌烦。但当她走出镜头时，她不过就是人群中擦肩而过的一个陌生人而已。"

那个时候，人们来到时装秀就是为了欣赏时尚的，和现在的状况可截然不同。现在他们参加时装秀不是为了欣赏别人的作品，而是为了让别人注意到自己。

记得第一次看到耀司的时装秀时，一股强大的冲击力袭身而来。打个比方，就好像是读到了一本从未读过的全新的书一样，令人振奋，振奋得发抖。那股冲击力瞬间贯穿我的全身，震撼着我的心灵，好像突然间听到的警铃般，令人为之一惊。

20世纪90年代［1982—1983巴黎时装周山本耀司秋冬时装秀以后］，两位日本设计师山本耀司和川久保玲的时装秀常常在卢浮宫里院那个帐篷里面举行。人们口头相传，越来越多的人争先恐后地加入其中。就像一个小小的气泡，突然充气变成一个大气泡，最后嘭的一声炸裂开来。

秀场入口处，人头攒动，摩肩接踵。人们在入口处拥挤着，推搡着想要重新入场。简直就是在打架！有一次，我被人群推搡着，撞在了围场的护栏上，感觉肋骨都快被挤断了。但我还是按捺不住想看的心情，忍耐着疼痛。时装秀结束的时候，兴奋的我忘记了疼痛，那可真是疯狂的年代啊。

看了他们俩的时装秀，我感受到的，怎么说好呢，不是文化冲击，应该说是时尚冲击。之所以这样讲，是因为两位日本设计师的设计，是迄今为止从来没有看到过的崭新的时装秀。这种截然不同的时尚感觉，甚至让我感到时尚史中先辈设计的作品都有点太过于保守、太落后了。

他们的秀，感觉上更像是一场摇滚乐的现场演出，很容易让人感叹"黑暗的时代最终到来！"虽说是"黑暗"，这可和哀怨的黑暗，亡夫的苦楚不同，它是一种神秘，一种陶醉，一种诱惑，或许是一种傲慢，一种害羞，总之是一种全新的"黑暗"感官。

说到衣服的剪裁，简直是一种对身体的全新诠释，一种史无前例的身体展现方式。布料与身体间有着妙不可言的空气感，展示着什么却又展示得含蓄，那种感觉难以言喻。看到眼里的全部都是崭新的，我看着秀，手里不停地一幅一幅地疯狂地临摹，想要把所有的作品记录在纸上。我的情绪变得很激动，那种激动没有办法解释，更没有办法去描述，只是真真切切地激动着，难以安抚。好像有一股强大的力量抓住了我的心，我只能试着去理解我这样的感觉来自何处。

当时的我，作为驻欧洲主编为美国版 *Vogue* 撰稿。在秀场，感到飘飘欲仙、陶醉不已的可不只我一个人，我的老板伯里·梅伦［Polly Mellen］同样深陷其中。

事实上，并不是所有人都能够理解他们的时装秀。相反的，为他们设计所倾倒的人群算是少数派。也有记者给出这样的评价："这开的什么国际玩笑？"，"广岛时尚"，等等。这和毕加索的作品刚被世人发现时是一样的状况，曾经有人评价他的画作自家的孩子也能画得出来。

尽管懂得他们的人是少数派，但这些人都是真真正正能够理解他们设计理念的人。我们这个小群体和斗牛表演的看官们一样，有着对他们时装设计的共同感受，"新生命的诞生，总要有些必要的牺牲。"说的就是我们的感觉。

这简直可以说是一场革命，是时尚界新时代到来的标志，也是一种新的设计语言诞生的标志。当然有人理解，也有人理解不了。以前我都是穿伊夫·圣·洛朗［Yves Saint Laurent］或者索尼亚·里基尔［Sonia Rykiel］设计的衣服。自从遇到了耀司的设计，衣柜里便没有别人的设计，全部都是耀司的设计了。

以前我总是喜欢穿黑色，因为我想成为法国小说家卡斯顿·勒胡笔下,《黑衣女子的香气》[*Gaston Leroux, Le parfum de la Dame en Noir*] 中出现的那位散发着危险香气,极具魅力的黑衣女子。我喜欢的黑色和哀怨毫不沾边,耀司作品中的黑色可以看到蛊惑人心的、革命性的、具有反抗精神的知性语言,这和我的想象产生了共鸣。

换句话讲,我曾使用既存的混合了自己赋予的含义的黑色,按照自己的喜好混搭了不同的元素来表现自我。而那一天突然的相遇,却让我在耀司身上找到了我一直找寻的、属于我的黑色。耀司的时装秀中频频出现的军服、工作服、狩猎装,所有这些都是我自十几岁起最喜爱的装束,而耀司的妙用让我不禁感叹。我自耀司身上找到了我多年寻求的东西。

对我来说,耀司不仅仅是一位时装设计师,他更像是一位时装艺术家。伊夫·圣·洛朗是我心目中第一位时装艺术家,在耀司身上可以看到很多和伊夫的共通点:对人生苦恼的把握,对人生戏剧性的感悟,对女性的爱,等等,在诸多方面两位设计师都有着共通的体验。

而最令我感叹的,是我,作为一个女性观者,在耀司设计的作品中从未感到过攻击性。

伊夫·圣·洛朗常常通过时装秀散发爱的信息。从高级成衣到高级定制,伊夫所有的时装秀我都观看过。其中,最感动人心的便是俄罗斯系列［1976—1977秋冬巴黎时装周］，那份感动我平生无法忘怀。

而我在耀司的时装秀上，感动至深而失声痛哭的一次便是和服系列［1994—1995秋冬巴黎时装周］那一次。和服是我不熟悉的领域，而对耀司来说这次的时装秀更像是与自身的长期抗争后对本质的回归之作。除和服本身无与伦比的美感外，作品中处处体现着他磨炼至精的高技术水平，以及他身上特有的矛盾感。秀结束之后，我看到独自一人伫立在后台的耀司的身影不禁泪流满面，泪水止不住地顺着脸颊往下滑。

耀司曾讲过，时尚是他自己独特的语言。不可思议的是，正如他所讲的，从他的每一件作品中都可以窥见他当时的状态。他的情感，他的力量，所有的状态一览无遗。耀司是一位很难理解，很难琢磨的人，所以我称他为"鳗鱼"。而他的作品却一直在那里，永远有一种真实感镌刻其中。

依莱娜·西尔瓦尼［Irène Silvagni］

5 ┃ 黑星

对设计师来说，时装周是唯一一个展示其设计作品的舞台。表演带着不同的目的，而展示会、精品店则与商业息息相关。如果只是想自己的作品被更多的人看到，我能想到的便只有时装周。对我而言，举办时装周的动机十分简单，不过出于"我进行了这样的创作，你想来看看吗？"这样的想法而已。那么，举办时装周最好的地点便是聚集着时尚人士的地方。

在这样的地方举办时装周，发布自己的作品的时候，我总感到自己像是全裸在众人面前，毫无遮挡。这种感觉从未停止或改变过。

发布时对我最大的考验在于，我是否有能力接受自己可能失败的事实。如果失败了，那就注定失败。能够听到别人负面的评价，这一点对我来说就颇有价值。有时，仅凭个人的力量是无法处理种种的组合，也有太多是不可操控的事实。因此，有些信息很难传递给他人。

还有一点很重要。我们要记住时装秀的成功和制作一套成功的衣服可不是一回事。成功的时装秀后，一套衣服也卖不出去，这也不足为奇。一般来说，这主要是出于衣服的创意过于狭隘，虽然可能几个月看到这件衣服内心总感觉得到暖暖的情绪，但它最后总逃不掉只有业内专业人士才能懂得、才能接受的命运。

国籍、年代、喜好的不同，竞争对手的存在都改变不了一个事实，那就是抛开这些不看，我们都植根于同一个地方。当我遇到阿拉亚［Alaïa］和高缇耶［Gaultier］的时候，有一种强烈的志同道合之感。而当我遇到圣·洛朗和皮尔·卡丹［Pierre Cardin］的时候，虽然设计理念如此地不同，但同样感受到一种内在的联系。比起作品本身，在有些设计师身上可以感受到更加强烈的个人魅力。每次遇到真正的艺术家，有一些东西我总可以学到、可以吸收。这些便是服装工匠们恍惚的瞬间。

坦诚地讲，我个人并不十分喜欢米兰和纽约。这两个城市对衣服有着截然不同的理解和制作方法。那里的人们认为卖得好的便是好衣服，他们认为设计师的工作就是不停地追逐时髦。以这种方式获得成功的人，不免流俗，以证明他们的成就。例如在米兰，他们通常会买座城堡或一架私人飞机。

巴黎的情况却不同，这里的人们更多关注的是设计本身。如果有人告诉我他们喜欢我的衣服，并领会了其中的含义，那么这就是我最大的成就，也是我作为设计师工作的目的之所在，一种强烈的职业自豪感会油然而生。

10年，20年间，我通过衣服表达自己的审美感觉，终于有一天，时尚成了我自己的语言。我透过这个时尚语言表达自己时，每个人都有着不同的理解方式。有人认为这是一种前卫行为，有人则认为这是一种反正统情绪下的一种反时尚行为。

现如今，前卫已经退化成为时尚的另一种分类。"向前走一些"才是它本身的意义，它并没有离经叛道或是逆反的过激行为这层含义。脱离现实，进行异想天开的设计并不是难事。但真正意义上的前卫意识却是熟知现实，不断地提供窥视前方确实的答案和惊喜。

艺术中，唯有时尚可以表达出情感中最细腻的部分。因此我对时下十分流行的综合艺术不感冒。博物馆甚至更糟，因为没有一位设计师希望自己的作品被放进博物馆陈列。博物馆对时尚意味着死亡，是时尚的坟墓。而回顾展也是一样，所以我的作品和他们千万不能沾边。

一颗黑星，闪烁着，
随即落下。

顺应着地心引力，
泛着长笛形的淡粉色的花朵。
卷着紫色的光，飘浮在天上，
一块泛着橙色的黑色石块自天而降。

向着大地落下。

女人们了解这片土地，了解透过地层滴落的水滴汇聚成的那汪地
下清池，和她壮丽的色彩。

她走动着，引起周遭空气的流动。她仅仅走着自己的路。在那，
人们发现她发光的残影。那道残影，一刻一刻地，随动而动，时
弯时浮，随着身体滑向地面。

禁锢她身体的空气，凝结成硬水，一刻一刻地，渗透着她摇摆不
定的身体，最后消失不见。

我期望创造的，我曾相信的，我奉献一生的是在那不明中浮动的、无形的、不可名状的什么。这神秘的东西只能通过人类被赋予的奇妙感知才能被察觉。它诞生在语言形成之前，它只能被称作一种"无形的价值"。

这无形的价值，转瞬即逝。它移动在一瞬一瞬之间的现在之中，诞生随即灭亡。它只能在真实存在的空间中才能发生。

创造出来，仅仅作为装饰的东西，毫无意义。
它必须有生命。
它必须时时刻刻处于动之中。

6 ｜ 捞金鱼和沙丘之旅

在日语中，用"手臂穿过衣袖"来表达穿衣服的概念。而这样的表达本身，恰恰体现着衣袖存在的重要性。在西方审美结构的影响下，约定俗成的设计概念中，衣袖只是处于从属地位的附属品，将衣袖置于设计核心则接近于日本的和服。

我口中的"交叉路口"便是指脱离于衣服本身的袖口部分。十字路口的距离，也就是袖口与衣服本身的距离从根本上决定着一件衣服最终的效果及感觉。我们可以把它想象成大道的交叉路口，或是小路交叉的部分。

交叉路口，是人们相遇的地方，也是离别的地方。

那一天，正值盛夏，酷暑难耐。

沉浸在夏日的音乐声中，被乐声俘虏的我，径直走到了大桥桥墩下。在那，我遇到了一袭艳红晚装的你。你一脸无聊，衣袖在风中摇摆。

和金，流锦，望天绣球

五花，红银长尾，和兰狮子头

龙眼、玉鳍，白更纱

我费尽周折，努力地想要把你捞上来

尽管那么地努力

你却挣扎着逃避

你在薄纸上弹尾跳起

纸湿了，断了，真没意思

你却咚一声落回水中

杂乱的鱼缸里游着悠然的你

一心想着轻轻把你捞起的

我

我并不打算对你做什么
只是看着你轻抚衣袖
微微摇摆的身影

透过吹花玻璃缸
只想静静地看着你的
我
啊，或者干脆早一点
在我不熟悉的世界里
希望你能变成白纹蝶的
我

一个男人卸下全部的武装，坦荡地敞开胸怀，不失为一种忏悔。从某种意义上讲，男人的后背讲述着一个无声的故事，他的双肩，载满人生的宝藏。

人的肩膀和人的脸一样，千姿百态，各不相同。制作成衣时，却要尽量把千姿百态浓缩成单一的、极具魅力的一种样式。设计师需要找到合乎他们设计概念的、理想的肩宽和肩斜，而后在那基础上添上衣袖。

添缝衣袖的乐趣可不亚于修建隧道。一般来讲，衣袖应该微微向前，缝在衫身上，就像两条弯曲的隧道。尽管衣袖多少取决于每一件衣服的本来气质，但至少要注意以下几点。双手自然下垂的时候，衣服会不会变形，软趴趴地裹在身上？手臂活动时，衣袖会不会绷紧？没有垫肩，衣服是不是也很有型，很飘逸？要将肩斜、袖口和袖山［衣袖最上部的折叠线］这3个"老情人"同时考虑到设计中来。

添加衣袖的方法是决定款式的关键因素。衣袖的构思需要从最初设计阶段开始，甚至要在衣服整体样式决定前便有定论。因为衣服是挂在肩膀上的，所以袖子是一个至关重要的组成部分，肩斜的角度决定着衣服所有的功能性。

男用外套的衣袖设计主要有两种。一种是根据每个人的体型设计
肩斜及衣袖的弯度，这很像维多利亚时期的立体剪裁。另外一种
则采用了现代技术，它是根据预先设定好的理想化、概念化的男
性体型来为衣服定形。这时便需要垫肩来弥补实际体型与理想体
型的差距。这其实是一种审美习惯基础上的包装设计。

女装设计与男装不同，并没有形式化，但仍旧有些共通的地方。
现在女装设计中大多采用土耳其式长袖或抽肩袖，而这样的设计
本来是战争的产物。英国将军拉格伦［Raglan］因为在滑铁卢战
役中失去了自己的右臂，而发明了抽肩袖［Raglan Sleeves］。这
种衣袖从腋下斜缝到领围，肩和袖连在一起。这种设计主要是为
了方便活动，特别是方便那些受伤的士兵。

大雨磅礴，
士兵屏息隐蔽在战壕之中。
他们肩上没有缝线，
这是为了他们不会被雨水打湿。

缝接衣袖像是在写一首定形诗。在无限的可能性中，只有一个选择是最适合的。要找到它，利用它。

重点在于自锁骨末端起如何决定肩部的起伏。一旦抓住这点要领，遇到什么样的肩部都能设计出理想的效果。毫不夸张地讲，这一点是衣服整体设计的起始点。地心引力拉扯这衣服从肩部垂落到第一颗纽扣处，垂感好像喷流而出的熔岩，一路向下。

人们一般会将垂感与高级定制联系到一起，但事实上，这个概念所蕴含的意义远远不止于此。它起源于古罗马、古希腊用布料包裹身体的行为。垂感的根基在于包裹身体的布料的自然下垂。

作为设计师，我对这样因垂吊在身体上的布料自然起伏而偶然产生的美甚是着迷。仿佛布料滑过沙丘，随着沙丘的起伏而隆起，转瞬又沉入下降的丘底。遇到一个只需省缝便可以解决的小沙丘时，我干脆就利用布料的自然垂感以达到最佳效果。我不停地跨越一座又一座的沙丘，随着沙丘的起伏而攀上落下。

女装的潜力是无限大的。女装便是这无尽之所，旅途从这里开始。

18世纪的衣服外观变得好像盔甲一样。女性高耸、圆润的胸部，从肩到袖奢侈华丽的线条，以及束到夸张的细腰，无不展现着女性最具魅力的美，这便是传统服装模式的结构美中所体现的，男性以自我为中心的本我的象征性投射。

我们眼前是无限多样的、美丽的女性躯体，我们为何要重蹈别人设定好的路途？出于某种原因，我总会回到同一个地方。永远是这样。而我只剩下一个仿佛蝉蜕般的躯壳。

但旅途还要继续。

我不会厌烦，永不厌烦。尽管每次我都以失望告终……但我今天还是再次踏上旅途。

我对它无限的热爱，
我一次又一次穿越山丘，
跨越了这座山丘，又迎来另一座，
接着又穿越着一座又一座，
我如此这般走在无尽的旅途，
穿越在每一座都不同，叫作女性躯体的，
无尽的山丘。

7 · 哼唱着一曲献给男人女人的歌

暮色降临，我开车在外。记不清是在哪里，可能就是在新宿的这一边。高架桥下，我注意到了一个男人。

他，留着混着白发的齐肩长发，穿着一件皱巴巴的暗色外套，背靠着墙壁望向远方。

吃饭，做爱，存钱
开着拉风的跑车，带着地位和名誉，奔走在路上
嗤笑着伏地工作的男人
穿着流行的服装，配上钻石腕表，完美登场

　　不懂得人情世故的网瘾青年，
　　憎恨父母，把自己禁锢在房间里不肯出门

如果天堂有位我不相信的神明
他一定心地险恶，行为古怪
他会先带走好心人和善良人
没用的人他却放任自由

　　寒冷的冬季，整日开着暖风
　　炎热的夏季，整日开着冷风，度日

让我来告诉你东京人怎么走路
你要尊重那些穷得只剩下金钱的人
吃饭，做爱，存钱
开着拉风的跑车，带着地位和名誉，奔走在路上

　　独一无二的你，被神选中
　　你只要欢喜地从天上往下望就好 *

---

* 《哼唱》[尚未发行] 作词／作曲：山本耀司，2010年。

我认为沿路而居、无家可归的人和依偎在车站边纸箱里的人对"女人味"有着他们独到的见解。我了解他们的感受。是的，我想我了解。如果我问他们"女人味"的问题，我想他们大概会说："女人？我可不要……"感觉他们大多会逃避不理。虽然他们并没有厌烦，但我想他们会转过身去，背对着我，丝毫不想管"女人味"这档子事。隐隐约约地，我感觉我了解他们的感受。

两个感觉在我脑海里挥之不去，来来回回，反复交战。一个是我已经说了我该说的话，我已无话可说的感觉；另一个是仍然有许多事情要说出口的感觉。

看到当今世界时尚界的种种，我惊奇地发现已经没有了我发展事业的空间，我常常感觉是不是到退休的时候了。

但回头想想，我却发现，原来对我来说最耀眼的时光是专心创作的阶段；最奢侈的享受是紧绷神经，没日没夜地准备时装秀的那段时光。如果这一切不再继续，我会突然病倒，失去我的健康吧。

我不断地为发布会而进行创作，慢慢会有"这将是我最后一次这么努力地工作了"的想法出现。而这样的想法只会促使我更加努力地去工作，我要保证每一次都有最高的品质。这样一来，我便不会害怕哪一场发布会将成为山本耀司最后的一场，因为我知道那将为我的事业画上一个完美的句号。

我是母亲独自一人抚养长大，并通过她来感知世界的，因此工作女性在我心中是非常正常、自然的存在。与此相反，家庭主妇是一个我无法理解的人群。这是一种我独有的、执着的想法。它超乎了所有善恶，是人生偶然的产物，深深地植根在我的本性之中。

很遗憾，我对那些卖弄风情的女人丝毫不感"性"趣。相反的，一位专心踩踏缝纫机的女性背影，或是聚精会神缝衣服时的侧影都会让我感受到一股强烈的情欲。我极其渴望去尊重，去帮助那些在社会上立足，为生计打拼的女性。尽管这种感情是真诚的，但我发现还有一种厌恶或某种愤怒感与之相伴，它驱使我去征服她们，恰恰因为她们具有动摇我的力量。这些情感，同样深植于心。

对我来说，工作的女性单单只意味着"我没有办法掌控她的时间"而已。正因为如此，我才发自内心地想去尊重她们，但我又因为得不到她们的关注而憎恨她们。

记得有一次，我曾经的一位女朋友因为工作出了门。等她回家的时候，我因为太累而睡在了沙发上。我就是这样一个关注她的男人。午夜过后，她回到了家，看到我还在等她，那时候她咕哝着说道："男人的可爱，我到现在才第一次了解。"而她说的话至今还萦绕在我的脑海之中。

在《树是怎么杀死的？》这部作品中，大江健三郎塑造了一位照顾发高烧的孩子的母亲。面对生病的孩子，她安慰道："死，也没有什么好怕的。我可以马上再生你一次。"这句意味深长的话，刻画了一位伟大的母亲形象，也表达出母亲强大的意志。

男人总想着回归。
因为他们一开始就没有打算离开。

我十分了解男人的心境，但女人的心境对我来说却是个天大的谜团。身为男人的我，举办女装发布会，这本是矛盾的。对我来说每一次发布会都是一场赌注，一场虚张声势的赌注。

雅致的领口设计也是十分困难的。它仿佛潮水冲刷海岸般，时进时退。领口位置并不固定，也很难去定位。它时常处于流动状态，匍匐在那里，蠢蠢欲动。如何攻克它，则完全取决于领口处皮肤对布料的触感。但我的性别却成了我设计领口时的难题，作为一个男人仅靠我皮肤的触感是不能决定它的位置的。

索尼亚·里基尔和川久保玲在衣领设计上的表现可谓最为出色。如今仔细想想看，索尼亚的衣领设计中将作为身体延伸部分的颈部特有的诱惑力和平纹针织布［Jersey，一般采用毛、棉、绢、纤维等原材料，使用圆机和平织机编织而成的布料。表面纹路呈纵线，有良好的伸缩性，易于成型。和普通布料一样，可以裁剪使用。］相交时的魅力完美地结合在一起，只有她才能如此精确地把握。索尼亚设计的圆领，计算精准，颈部裸露程度也准确、细微。所以它的美无与伦比，让所有设计师感到嫉妒。

而在我的设计中，我喜欢使用整块布料，好像一整块床单一样。当然，我并不是把它卷在身上，相反的，我会以肩膀为基点自颈部最下方让它自然下垂。这样的设计很像在晾衣绳上挂满衣物时，自然地下垂，如何达到颈部和下垂的布料间的和谐感则是我的兴趣之所在。我会特别注意在领口处营造出一种流动感，有些时候松垮，有些时候收紧。我希望衣领的感觉可以根据穿衣者当时的心境自由变化，不受约束。

相比之下，川久保玲拉拢的衣领设计则截然不同，设计师只是大胆地在领口处开个洞，简单得像一件雨披，简单且平凡。设计成熟的时候，给人以十分深刻的印象。玲的大胆和果断，似乎挑衅着衣领设计的难题，她的设计好像在大胆地说："衣领？哪有那么麻烦，开个洞就够了！"对我、高提耶和阿拉亚来说，这并不是最适合的解决方法。如果这样的设计可以通过精准的测算而实现的话，也许还是可行的。但川久保玲天生的直觉，对颈部皮肤露出度精准的掌握和设计当时的状态却是不能以计算来复制的。

我设计女装之前，便会在脑海中设定一个明确的目标，构思衣服带给人的印象或者它整体的效果。设计过程中，我会用心去凝视心中的影像，不断追求脑海中的设计效果。设计男装的时候，我脑海里却没有一个男人的形象供我去凝视。相反，我会把自己作为模特去凝视。这时，衣服便是一扇窗，以供我通过它来观察世界。

以男装的设计来表达我对世界的不解和看法，表达我当时所处的位置，便是我设计男装时所采用的理念和方法。简单来说，这样的男装设计恰如其分地表达了一个乖僻、反常的我。

我从不会对这样的我加以肯定或否定，只是原汁原味地用衣服表达出来。即使在我不开心，沉溺在痛苦中时，我所处的位置也不过是作为一种特质或一种怪癖体现在我的设计中。尽管我并不想要这样的结果，但大胆地不断地在设计中表达自己却是一个不可更改的宗旨。不得已要在设计中表现出不想被人了解的、黑暗的一面，那也没有办法，只能表达出来。

有些男人内心存在着这样的矛盾。一面唉声叹气地悔恨自己的无能，一面又高傲地说服自己不必去追求别人的成就，给自己的不成功一个合理的理由。我对此十分理解，也感同身受。而我也深信，内心存在这样矛盾的人更有意思、更有想法。

对那些不懂时尚、不时髦的男人们，我喜欢刺激他们，但下手都不重。我一般会跟同样不成功的男人们玩心理战。尽管女人们对此嗤之以鼻，男人们仍然喜欢赌博和博弈。我便是利用了男人这种浪费的本质，在男装设计中十分看中扣眼、口袋这种往往被忽视的小细节。

以苹果为例，果皮和果芯同样重要。
外在的光鲜，虚张声势和寂寥，
所有这一切，
都和果芯深处紧紧联系在一起。
职业、年龄、常识，
和果肉一样，
并没有那么重要。

男人出门时，有时会穿一件不合身的父亲的旧衣服。他们在街上闲逛，喝几杯，喝醉了大声吵嚷。回到家，换衣服的时候，轻轻的一声叹息却又透着一股可爱。一个完全不懂得打扮的人，突然有一天，振作起来，装模作样，又会显得有些滑稽。用人造纤维进行特殊编织而成的松垮毛衣，搭配上三扣高领，打造出一种不修边幅的、崭新的、稍显颓废的感觉。

我认为在男装设计中，精心地打造和搭配中最好再混合一点孩子气，一颗玩闹的童心。整洁、上乘、时髦又迷人的设计，有时候却很无聊。想要成为穿着得体、帅气的男人，必须同时具备两种品位。也就是说，打造光鲜精致的同时，也应该加入一些粗糙、不做作的要素。换句话说，大都会的洗练中带有乡村的狂野，高品位中带些小丑的幽默。如果只是过分地修饰和精致，那种设计怎么也不能成功。

还有一点也十分重要，那就是要把握自己的天生的条件，并时刻保持一颗想要变型男的心。贫困潦倒时用最后几个硬币买来的啤酒的味道，和在半岛酒店的房间里穿着柔软的浴袍喝着的冰香槟的味道并没有那么大的差别。明白了这一点，望着残缺镜子中自己的脸苦笑，像摆正领结一样调整自己的负能量，把稀疏的头发梳向后面的男人才可以具备超人的时尚品位。

美国战斗机上，最吸引你的恐怕不是机鼻上的涂鸦，就是机头上的绘画艺术。其中，最多的就要数机师的女友或者是性感女人的

画作了。生命垂于一线的男人们，能想到的就只有这个吗？想想都感到一丝莫名的感伤，也有些可笑，不是吗？

伦敦西区萨维尔街上诞生的，具有高贵的现代感的邓迪［Dandy］风格［公子哥装扮］奠定了男装的基础。在那条街上，绅士装出现，逐渐成形，最终成为一种被普遍接受的审美样式。欧洲霸权主义支撑着这种审美的权威性，对于这一点，我们必须明白，因为它是我们讨论男装的基础常识。当然，我们不禁会想知道如何打破这个局限。与其说是打破，不如说是从它的内部加温，熔解这些局限，这样讲更贴切一些。

男人很难成为一个外人，将自己排除在传统之外。父母自然希望他们找一份体面的工作，娶个贤内助，打扮他们，从而进一步巩固他们的社会声誉和地位。为了成为一个外人，他们不得不与周围的环境斗争。我知道很多男人穿着一身深灰色的西装，他们不想伤害周遭的人，也因此而备受折磨。我也知道，这种妥协和让步支撑着世界，成为世界继续旋转的动力。

我最讨厌属于某种样式的衣服，讨厌将它们归类。那种什么样式都不算的、不三不四的衣服才是我喜欢的。我常常想，男人味、女人味这样的符号，不过是为了方便分类和管理而杜撰的东西。我讨厌任何预先准备好偷偷植入的男人味概念。

所有男人都为了保持自己的男人味而大费脑筋，痛苦摸索。女人很容易被想象成被害者，但我们不能忘记那些娶了自己根本不喜欢的女人的男人们。

我讨厌任何形式的法西斯主义，也痛恨权威。我最讨厌的就是那些看似伟大的人或事。我关心的是如何设计出没有权威性的衣服。特别是女装，我不想把女人塑造成一个世人认为完美的女人，或是一位世人眼中的大小姐形象。那些为了找工作而穿上身的所谓职业套装到底算什么设计？那样看起来好像很有工作能力的衣服，不过就是为了吸引那些步入中年的面试官的眼球。

……唉，这种事也就这样了，我已经无所谓了。
我们不过是在这谈谈人生而已。

女人们啊，一生都做个女人吧！不要卖弄风情。不论你嫁为人妻，还是工作努力成为事业型的女人，那种用某种头衔来包装自己的人生，你们不需要。女人们啊，一生都只做个女人吧！

8 ｜ 城里的游牧者

——你不寂寞吗？

——寂寞？
　　什么能比孤独来得更奢侈。

什么时候女人开始把手插在兜里了？是从玛琳·黛德丽［Marlene Dietrich］那时候开始的吧。不管怎么说，这个姿势都是从女人们开始穿男装那一刻开始的。插兜这个充满男人气的动作，现在出现在女人身上，成为一种被普遍接受的单一时尚符号，这却是个事实。我也因此喜欢在女装上设计衣兜。

想着男人把手插在兜里的时候，我常常会想到詹姆斯·迪恩［James Dean］和罗伯特·米彻姆［Robert Mitchum］这两位美国男演员。这个动作往往是一种标志，诉说一个个生活在社会边缘、和黑社会有密切联系的流氓。他们离经叛道，嘲讽和反抗着社会，同时他们还对社会持怀疑态度。这个人可能生活在东京、巴黎或是纽约，国籍对他并不重要。徘徊在昏暗的街头，迎面走来一个不怀好意的彪形大汉。那时，他插在衣兜里的手，早就做好了准备，时刻准备迎战。下一个瞬间，他掏出了一串钥匙，好像握着某种武器，将它紧紧地抓在手里。

儿时的我，把衣兜当作收藏宝贝的地方。不管是什么，都塞到里面去。直到现在，我仍旧把衣兜当作包来用。除了钱包，还能带其他什么东西，我想都不用想。一般来说，我的左兜里放着钱，右兜里放着手帕、打火机和钥匙。要是再穿上有内兜的上衣，可以放进去护照，我连旅行箱都不需要。

男装的衣兜单纯得只有实用性。我就有一件13个衣兜的工作马甲，它可是我多年来最常穿的衣服。它真的是实用性的最佳体现。

住在衣服里。
我踏上路程。
即使是一般的衣服，它的衣兜也要满足可以方便地插入钱包的需求，同时，它的位置也很重要，要能方便插兜，避免不必要的动作。当然，插进手后衣服的轮廓发生改变也是不行的。

衣兜的位置、形状、个数、开口大小、角度、深度会根据衣服的功用而千变万化。但一般来说，腹部附近布料的相对用量合适，布料垂感自然的话，衣兜放在哪里都是成功的。说实话，在第一次缝制衣服的时候，我常常会用刀片在布料上开个兜口，兜口微微张开，仿佛在对我微笑一般。

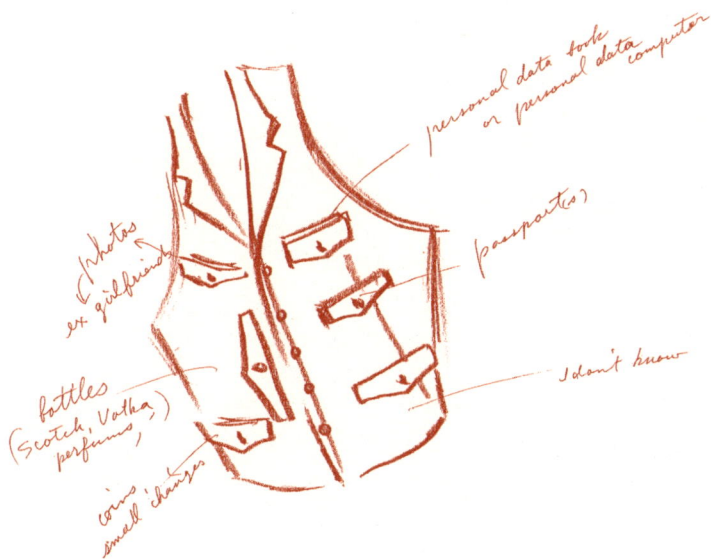

personal data dork
or personal data computer

passports(s)

photos
ex girlfriends

passports(s)

I don't know

bottles
(Scotch, Vodka,
perfumes,)

coins
small change

男人可真够单纯的。

从兜里掏出几张皱巴巴的一美金钞票，马上跑去买杯酒喝。

这个结局倒也不错。

严谨地讲，和衣扣一样，衣兜也同样需要一个理想的位置，实现完美。不需要任何倾斜的角度，切口和身体保持平行，这样的衣兜可谓衣兜设计的极简主义。

据说人的哀伤都聚集在脚踝那里，这段话我也记不清到底是从哪本医书中读到的。活了几十年积存的哀伤，好像堆积而成的地层，渐渐堆积在脚踝。人们以为他们已经忘记了曾经的悲痛，背负着自己的美好想象，向前倾着身子，终生追逐着自己的背影而生。这本就是个天大的矛盾！事实上，他们不过是大力踩踏着，一步又一步地载着沉甸甸的哀伤前行。

有些女人，她们体验过地狱般的人生，尝遍了人生酸甜苦辣。有时，她们的哀伤如香火般从她们的身上升起，灰飞烟灭。但哀伤的味道却不会沾染在她们身上。

她们才是受过良好教育的、高贵的女人。只有为了她们，我才会奉上用刀片划开的那一道精心设计的、完美的衣兜。

我生为享尽爱恋
我生为游戏人间
闻游童欢闹声声
我心我身苦难言 *

* 和歌集《梁尘秘抄》第359首，后白河天皇于1180年编写。

不管是怎样的晚装，我都想在上面加上衣兜。有了衣兜，她们就不用携带手提包了。这样一来，我的想法总是这么滑稽可笑，甚至想到这样一来也不会发生手提包被盗这样的事上来。所以说，从一开始，没有衣兜就是件很不方便的事。

她买了一条价值连城的钻石项链，却又担心聚会上会被人偷走，于是她当天戴了一条赝品，欣然赴会。这简直是人类渴望拥有一切，无尽贪念的最直白、最清晰的写照。

高价买入向往已久的高级品，想要出手把它卖了的时候却又不得不以低价售出。这样的描述也许过于简单，删减太多，但我们这种贪念、这种物欲最终逃不过被迫终止，与此同时还要承受莫大的损失。

所以，把你珍爱的统统放到衣兜里吧。

拥有的越多，你与神明的距离就越远。

9 ｜ 痛做了断，互不相欠

不要盲目地相信字典上对现代主义的诠释。人类最根本的哀伤，便是忘记去怀疑生存的意义，盲目地追随现代主义的脚步。

我们应该反抗世间一切权威、制度和体制，总是处于少数人群的立场中才行。我的同情和怜爱仅仅站在永远反抗着的，属于社会少数人群的那些人一边。

这些边缘人士并非天生便选择了少数一方，他们往往深陷人类最基本的不平等之中，面对的是来自社会的非理性的偏见。如果我们忘记了有这样一群少数人群存在，那么我们的创作再新奇、独特也很难触动到那群人的灵魂，难以在他们心中产生共鸣。
也不可能产生共鸣。

拉扯、吸取一切事物内在和灵魂的即为现代。

界限——"所谓学问就是发现界限本身。"小说家坂口安吾曾经在他的作品《不良少年和基督教》中这样写道。那些在各个方面了解自己界限的，清楚他们努力的局限的人才是杰出的。而现代却十分不同，人们只是不停地前进，最终他们跨越了自己的界限。

我不喜欢金字塔。我也不相信所谓的大彻大悟。这世界上存在的，是一群人竭尽全力地贡献自己微不足道的力量去创造没有瑕疵的东西。与此相对，有些人深知人类的局限，不可能避免瑕疵的事实，却面对现实强加给他们的一切，勇敢斗争，也只有这样的人才能理解耻辱中的美感。换句话讲，他们从不直言，从不断言，轻描淡写地对待一切。为何要轻描淡写？那是因为他们讨厌露骨的表达。对他们来说，人类社会中根本不存在所谓无色透明、简单明快的答案。

在印度尼西亚的传统蜡染布 Batik 的花纹中，很难找到日本的"间"，也就是空隙或者说是一种停顿的感觉。当地宗教认为恶魔会寄附在这些由空隙和停顿构成的"间"之中，想必这背后有着这般宗教传统的影响。尽管只是间接地隐含，但我们仍可看到印度尼西亚人对空隙、对停顿的尊重，只是表达方式和日本人相反而已。

只要人还活在复杂多样的世界上,便会自律,把规定强加在自己身上。

穿着朴素的女人身上散发着一种难以抵挡的芳香。她内在的优雅所蕴含的芳香,毫不留情地、露骨地诱发着男人的情欲。她外露的肌肤,渴望地邀请着男人关注的眼神,毫无保留,一览无遗。

男人拥抱的不是她平凡的肉体,而是漂浮在轻描淡写的朦胧之中,高挂在充满空隙和停顿的虚空之中的,男人想象中对女人的深深爱欲。

女人不该轻易地展现自己的芳肤,因为男人更喜欢想象带给他们的颤抖,男人更喜欢衣衫下隐藏的女体,想象它带来的心动。迷失在他们的幻想之中,是男人毕生的追求。

你那琥珀色的眼眸，
栗色的长卷发，
好似上弦月的温柔月光，
轻轻地在山谷中散落。
消瘦的锁骨深陷进你的肌肤，
你的双腕无力地拖在身体两旁，
一股自上而下的力道，
延伸到你的指尖。

最后一层薄纱轻轻滑落，你眼前的景象和你想象中的大相径庭，绝望感则袭身而来。或者，也可能发生另外一种状况。眼前的景象虽然和你想象的不同，但却出乎意料地美好，表情和身体的曲线配合得天衣无缝。这时便要看你是否会沉溺其中了。

制度是为了被打破、被忽略而存在。相对而言，自身的戒律这种所谓的惩戒却要赌上性命，全身心地去死守。男人的自尊不允许他跨越某些界线，如果跨越了这些界线，他便会失去自我，丢掉他的灵魂。

我的内心有个声音对我轻轻诉说：

"男人就该痛做了断，互不相欠。"

但面对突如其来的、庸碌的一生，男人很难领悟如何、何时该做
这样的了断。

迎来人生黄昏的我，最近常常沉思如果我放下自己死守的戒律，
丢弃惩戒，人生该有多美好。可人的一生就是充满了麻烦和棘手
的事物……

我内心的钟摆，开始不安分地前后摇摆。

一点，成佛。完美带来的狂喜。

衣扣有一点，使得衣服达到完美，升华成佛。因此能不能够找到这一点位置关系着衣服的成败和生死。三颗衣扣也好，六颗衣扣也罢，只有一颗衣扣的位置才是关键，其他的衣扣不过是它装饰性的卫队而已。

这颗衣扣的位置找得精准，那么打开它时，衣服的两摆则会自然地滑落两旁。虽然每一件衣服都不尽相同，但胸口塌陷处的一点，便是使衣服成佛的关键之所在。

悬疑剧中常常可以看到这样的镜头：一个人解开系在胸前的衣扣，从衣襟里掏出一把手枪。这一颗衣扣上承载的是恍惚中他最后的一丝顿悟，和迈出下一步的决心。

衣扣位置没有选择对的衣服，往往平凡无味。彻底掌握了衣扣设计的基础技术后，可以试验性地开发功能性以外的其他有趣的部分。要是基础薄弱，设计幼稚的话，表面上便可以看出他设计中玩闹、不严肃的一面。我认为设计手法越专业，越应该尽量避免使用衣扣。说得极端点，不用衣扣不开衣襟的衣服，也是值得推崇的设计。

衣扣颜色的选择可以不必为了配合布料而对其进行染色。使用黑色和白色两种衣扣并没有什么问题，但在一件衣服上使用不同材质、颜色的衣扣总会显得突兀，不搭配。形状上，圆形衣扣是最容易使用的一种。相对来讲，其他形状的衣扣更多地在诉说着自己的故事，超越了作为衣扣的功能性，更加强调出它的独特性。衣扣的大小则应依设计的环境和初衷挑选小而轻的或者大而重的衣扣。这一点上，与鞋和鞋带的设计搭配原理很相似。

衣扣和拉链的功能不尽相同。集中布料的力量，使其沉淀而后解放的是衣扣；拉链则会阻碍布料的自然下垂。使用好拉链确实可以为衣服增添强烈的现代感，但拉链往往过于具体，通常会破坏衣服本身的特色，显得过于粗野。

一般来说，为了衣服的轮廓和整体感觉，不会在布料上使用衣扣。但使用有伸缩性和延展性的布料时，每放开一颗衣扣，衣服的轮廓便会发生细微的改变，整体感觉也变得不同。因此，衣扣也是塑造衣服轮廓和改变整体感觉的手段之一。

脱离衣扣设计的衣服，衣服本身就只成为一块布而已——设计上可谓极其不负责任，对穿者来说也是一件危险品。

但有安心感，保险的设计其形式往往极其无聊。跨越几个世纪，刺激着时尚不断向前发展的内力在于设计师对危险衣服设计的不断挑战。暗示危险性的一般是那种混淆性感认识的东西，这些东西所特有的未驯服的野性正是衣服迷人与否的决定性因素。

继续向前摸索，最终超脱这危险性的边界，往往会使得衣服变得荒谬，充满孩子气，甚至乖戾。而后它会成为一股白热的气息，达到忘我境界。

10 ⋮ 暗号

我一般是从画设计图开始新作品的创作。第一稿设计图通常会比较"不修边幅",只是简单地描绘着布料的垂感如何展开,布料的用量,衣服本色的特色和剪裁上的一些想法。我并不指望这些设计图体现我整个新系列的风格和气质,所以大可不必过多地描绘细节。有些设计图稿中,简单得只有随意画上的几条线,但有时候线条看起来就像一只狂躁的大鸟。

专业水平达到某一境界的服装板师,如果不能达到设计师严苛的要求,整个项目便会变得十分无趣。如果设计图稿上标注了模特的妆容、发型设计、完美的鞋子等要素,那么服装板师的工作简单得就只剩下将设计稿上的平面语言翻译成立体的服装这一点点了。对他来说,便失去了创作的乐趣。

设计图稿并不是作品的工笔画,也不是写实的插画或者一页漫画。画稿画得如何并不是一个太大的问题。我认为,设计图稿是设计师和服装板师用以交流的一种暗号语言。

等待的才能。

读懂暗号语言的服装板师便将 Toile［一种棉麻布，在将设计平面立体化的过程中，作为代替布料使用］盖在人体模型上，调整布料，进而找到暗号语言中所暗藏的衣服个性气质信息。后继工作是否能够顺利进行，则取决于服装板师是否有接受古怪个性的宽广的视野，是否有不磨灭的热情了。

没有办法表达一瞬间捕捉布料放置位置的气魄，也不能述说保留绝佳的褶皱和垂感的喜悦，便没有办法创作出无可挑剔的服装板。前身、后身和衣袖虽然各司其职，看似彼此分开，但它们不可忽略的连带感和看似没有关系的人类的小拇指和耳廓一样，有一条自然流畅的动线连接其间，塑造平衡的整体感。

创造这种连带感和整体感的并不是设计画稿，而是摆弄着布料的手指、手掌，以及服装板师的一呼一吸。

所以，要学会等待。

等着脑海中的构思，透过手指、手掌和呼吸的节奏传达到布料上，形成一个具体的形象。我们等的就是这触类旁通的一瞬间。

设计师对衣服整体个性的掌握和表现力，服装板师对设计师暗号语言的巧妙解读，这两个方面是不可分割的整体，两股力量均匀的协调和融合正是决定衣服本身的重要因素。面对眼前各种布料所具有的特殊魅力和气质，设计师不能正确地判断它们本身所具有的、纯粹的特点和美感；服装板师不能抓住对摆弄布料时产生的瞬间美感的感动，那么这两股力量便没有办法均匀地协调、融合在一起。

我从来没有想过要创作出完美的衣服。如果要追求完美，则可以敲开高级定制的大门，转行便可以实现。

能否抓住不可捉摸、不为人知的动物的尾巴——这种冒险精神才是关键。

有些时候偶尔会出现这样的状况。创作出来的作品远远超脱了最初的设计理念，完成一次质的飞跃，成为一个飞入晴空，独立的、有生命的作品。真正意义上的成功设计，往往只是通过设计画稿这个窗口，完成一次美妙的飞跃，没有比设计中遇到这样的作品更奢华，更令人感动的机会了。

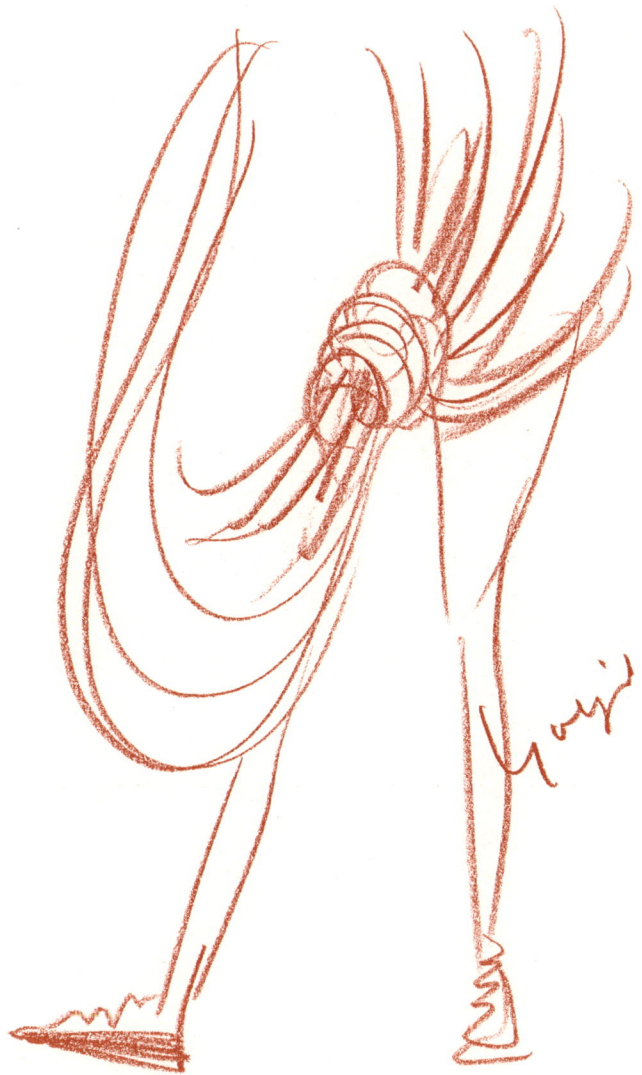

战胜自己，成为胜者的服装板师中有些人和那些循规蹈矩的人不同，他们会不按照常理出牌，使用一些大胆的线条。其中偶尔会出现一些极其成功的作品，而这些优雅的少数作品则会成为新一季时装周上最引人注目的亮点。服装板师是一个神秘的、不可臆测的职业。有着丰富经验和极高工作热情的老手，有时在1~2个月的时间跨度里，都不能完成一件作品；而有些新手却可以在2~3个小时内创造出不俗的作品。所以，每一件成功的衣服，都是上天赐予的礼物。

只有我会将布料最终的收边效果纳入考量的范围。但我尽可能地不去这么想，因为我不想引得服装板师开始期待我对他的赞扬。这样的赞扬毫无意义，对世间没有任何的贡献。 设计师和服装板师构思的巧妙融合，工作状态和敏锐的感性，等等，恰当地达成一致，共同透过衣服对世界呐喊什么。只有这样实现精神上的最高融合，才是成就理想的工作的关键动因。

我们在追求最高融合的过程中，精疲力竭。好像一位摇滚音乐家，只有在过着不断提升自己，不断丰富自己的创作人生之时，才有机会成为一名成功的创作者。

11 ｜ 种马与创作性

痛苦和煎熬出现在衣服创作过程中的每一个时刻。

第一次在布料上动剪刀的时候，会感到一股撕心裂肺的痛楚，就连握着剪刀的我都不清楚它来自何处。伴随并支撑着设计师跨越他人生道路上的旋涡的只有他日积月累、熟练通达的技术。

正是出于这种原因，我会为自己设限。有人说创作工作的本质在于突破这些限制，任由我们自身的能力引领我们一路走下去。那地平线的尽头，埋藏着超越人成就的可能性。亘古至今，艺术创作和社会道德难逃相互冲击的命运。

不知源于何时，在世界上任何一个角落，人类开始了家庭和门第观念的想象。而后，为了更好地控制家庭这个制度单位，人类开始捏造出每个事物都有一个内在特质的事实。这项伟大的发明使得所谓正确的伦理道德观念在人类灵魂中的植入成为可能。

在这样的大背景下，出现了两种人：一种人对人生抱有最根本的疑问，而另一种则对这些疑问满不在乎。自我的孩童时代起，这便是我不变的人生命题。

抱着这样的根本性问题生活在世间，则需要非比寻常的精神力量和强大的肉体。换句话说，这样的一类人需要时刻同各种各样的制度作斗争，反抗世间无处不在的伦理道德观念。把它浓缩到家庭这个制度中来，需要去抗争的、最显而易见的例子就是对另一半的不忠。这种伦理道德，在古代并不存在，那时不忠被当作一种慷慨而广为世人所赞扬。

"爸爸要是爱上了妈妈之外的别的女人，
和她生了一个小孩。
你可以和这个孩子成为朋友吗？"

人类生活在前后相互联系的文脉之中。作为一个独立的个体，在社会夹缝中游走、神离，在同温层上飘忽不定的人生并未得到世人的认可。

但人类最终是孤独的，命中注定他们要坦然面对和制度建立关系这个残酷的事实，因此他们总是陷于这样一种生理状态之中。他们也只得选择坚持自己的生活方式，除此之外别无他法。

何谓艺术家？
进行艺术创作是否就可以成为艺术家？
这样的说法愚蠢透顶！

在人类历史的长河中，有一股巨大的浪潮悄然来袭，偷偷靠近人类大众，威胁着人类精神的最后一片圣域。这股巨浪因人而生，也将人类吞并。深陷巨浪之中的人类进化成为唯一一种生物。这种生物丧失了维系生命的能力。他们散居在大地的每一个角落，却又丧失着一片又一片的土地。

有个男人站在这里，他满眼都是悲惨黯然的景象。他独立于世间之外，他有着野性的愤怒，一把短刀藏在怀中，反抗着世间的一切。这场战争并非以输赢定论，也许世间有些战争，即使取得了胜利，那胜利也来得毫无意义。

在我心里，有个自我默默地支持，声援着这个男人。

这个自我旁边还有另外一个自我，他为了这个男人随时愿意牺牲自己。该了断时却没有这样去做，你便会失去自由，没有机会追寻属于自己的快乐。更没有可能找到永恒的幸福。

我发现摇滚乐有些时候——反传统且极富造反精神。

在我的心底，永远有一丝难以抹去的挫败感，提醒着我曾经的失败。

又失败了。
又失败了。

——这种失败感背后，却隐藏着一种顿悟。

能够意识到失败的人，便不惧怕随时可能到来的死亡。

人应该做好心理准备，迎接不可预测的挫败，随时准备让出自己现有的地位。

有普世救人、自我牺牲精神的人如果可以被称作"诗人"，我宁愿一生挂着"世俗"的标签。

……听说耀司先生好像在拍电影。

……这次好像又要开始雕刻了。

我倒是听说他在写一本书……

雨儿雨儿，下吧下吧
我等妈妈来接我
带着那把大雨伞
真呀真开心
滴滴答答，小雨落下
跳啊跳

背着小书包
跟着妈妈走
后面响起了铜铃声
滴滴答答，小雨落下
跳啊跳

小朋友被淋湿了
柳树下面哭
滴滴答答，小雨落下
跳啊跳

妈妈，妈妈
我要把伞借给他来打
小朋友，小朋友，请你用我的伞
滴滴答答，小雨落下
跳啊跳

我没关系，我有妈妈
躲到妈妈的大伞里
滴滴答答，小雨落下
跳啊跳 *

---

* 童谣《雨天》，作词：北原白秋／作曲：中山晋平，
原载于杂志《孩童之国》1925年12月刊。

III

年

谱

20世纪40年代，臀位分娩的我诞生在日本东京的新宿区。

那年初夏，举行了一场葬礼，骑着三轮车的我，眺望着参礼的人群。

那场葬礼似乎是一位战争遗孀，放弃了长久的等待为亡夫而举办。

看着这场大人们举办的悲哀仪式，一股极度的愤怒和空虚感在少年心中破壳而生。

我那乖僻、反抗的人生，就此拉开帷幕。

1966年毕业于庆应义塾大学。

1969年毕业于文化服装学院。

辛勤劳作的10年。

人生最苦的10年。

埋头苦干……记忆里却早已不再。

1981年首次亮相巴黎时装周。

1989年由维姆·文德斯执导的电影《都市时装速记》公开放映。

我出生在战后东京的废墟之中，几十年后，在巴黎偶遇维姆·文德斯。
仿佛是历史开的一个玩笑，我们彼此讲述着同样的回忆。

那一刻，两个人结下不解之缘，成了心灵相通的好友。

1993年担任拜罗伊特音乐节中上演的

瓦格纳歌剧《特里斯坦和伊索尔德［王者之心］》

［*Tristan und Isolde*］的服装设计师。

全世界我最崇拜、最尊敬的人就是德国戏剧作家海纳·米勒［Heiner Müller］。

一天，我的分机电话突然响起，我得知有位访客已经如约到来。

走进媒体招待室，我见到了那位安静地坐在大桌子后面的男人。

操着一口 Mumbling［口齿不清，嘟嘟囔囔］的英语，他开口道："我叫海纳·米勒，

是个剧作家。最近，我想要准备一部瓦格纳的歌剧。不过我遇到了瓶颈，我需要您的帮助。"

"哦。"

"我要完全打破瓦格纳的传统。"

"打破传统？那您可以找我帮忙。"

当晚，我们坐在1999——一家位于东京青山的会员制酒吧里。

那个时候，我可是个常客。

我们两个喝得烂醉。我只依稀记得我跟他说，他是比我坏上10倍的男人；

我说我知道我可赢不了他。第一天见面，我们就海阔天空地聊到了天亮。

几个月之后，瓦格纳夫妇正式提出访问的请求，我有幸见到了这对形影不离的夫妇。

"感谢您受邀成为瓦格纳歌剧的服装设计师。"

［咦？我答应了吗？！］

我可是完完全全上了那个男人的当。我推测那个男人一定是维姆介绍来的。

海纳·米勒，生于东德。

他的处女作《哈姆雷特机器》[*The Hamlet Machine*] 使得他名声大噪。

很多人追捧他为布莱希特的继承者，同时他也被认定为是一个有着危险想法的颠覆分子。

因为瓦格纳夫妇的正式访问，并向我道谢，我没有任何理由不去接受这次邀请。

我感觉自己上了当，在3年的时间里，忙完巴黎时装周，一有空闲便会跑去拜罗伊特。

打着碰头会的旗号，这个叫作海纳·米勒的男人却从没和我谈论过这部歌剧。

喝着伏特加，叼着雪茄，嘴里念叨着多吃肉对身体如何如何好，

又把自己做过的恶行一条一条地说给我听。

结束了忙碌的巴黎时装周，累得好像一副空壳的我坐上飞往拜罗伊特的飞机，

想着"我这到底是干了什么，偏偏要受这样的苦"？

说来也巧，我老妈也不知道着了什么魔，一直都非常喜欢巴兰钦的芭蕾舞，也深爱着欧洲

各式各样的传统艺术。现在我懂了。

我之所以成为戏剧服装设计师，是为了孝顺我老妈。

我就这样告诉自己，说服自己，不停往返于巴黎和拜罗伊特，一转眼就过了3年。

经历了种种磨难，我终于迎来了首演那一天。

当晚，知名芭蕾舞编舞家米凯亚·巴瑞辛尼科夫 [Mikhail Baryshnikov]

和莱沙·戈尔巴乔夫 [Raisa Gorbachev] 出席首演，观看演出的还有数不清的社会名流。

演出拉开帷幕，全场响彻着序曲优美的音符。

谁曾想，幕帘居然还没有打开，我的老妈已经进入梦乡。

也不知道老妈到底有没有看完整场演出。演出结束的时候，她说了一句。

"演得真精彩啊！"

从戏服到化妆，从鞋到假发，所有都得交由我来做。3年，我的报酬只有300万日元。

"这就是所谓的'文化'吧。"我这样对自己说。

"没有全裸演出的经验吗？"我试着问了下。我得到的答案是"演过了"。

于是我明白自己还是要设计戏服，那种绝望感前所未有。

瓦格纳戏剧是德国的经典剧目，尽管有历史悠久的传统，居然还有全裸演出的大胆尝试。
不断挑战，不断创新的戏剧人精神，是最让我佩服的。

顺便说一下，我老妈受到瓦格纳夫妇的邀请，去他们家参加晚宴。
一定又吃了很多好吃的吧，听老妈说她当晚十分高兴，居然还捐给瓦格纳协会500万日元。
这样的经历对设计师来说，也是前无古人后无来者的徒劳吧。

海纳·米勒，不计我因为那个男人而遭受的苦难，能够遇到他，和他成为知己确实是一大幸事。
无独有偶，再次见到他的时候，那家伙又给我注射了一剂毒药。

1998年皮娜·鲍什舞蹈团

Tanztheater Wupperthal 成立25周年纪念中的合作。

一天，皮娜发来了传真，信中说道："来 Wupperthal 吧，

为我们舞团成立25周年纪念晚会带来点什么吧。"

我对皮娜的尊重发自内心，虽然我不知道自己能做些什么，还是答应她我会去。

很快地，我发现宣传手册上已然宣布我会出席，还写上了：

"Pina asked something to Yohji."［皮娜要求耀司为她做点什么。］

当晚，剧场里人满为患。

首先，剧场门口处的大厅里，4~5个舞者围成一个圈，摆着姿势一动不动地迎接客人。

穿过大厅，进入剧场内部，眼前巨大的弧形舞台最前方，

高矮胖瘦、参差不齐的男男女女分散开来，毫无规律地站在舞台上。

他们穿着不合身的超大服装，敞开着拉链，同样一动不动地站在那里。

这，便是当晚我举办的时装秀。

舞台上，对空手道一无所知的舞者们，试着学习平安二段这套动作。

上台的时候，他们现学现卖，开始了这套动作。

我对皮娜只有一个请求："我给你做套衣服，皮娜你可以穿上它跳一段舞吗？"

皮娜的肋骨优雅地舞蹈着，舞蹈中她还要对抗几个彪形大汉的袭击。

皮娜充满柔韧性的身体，一定可以将来自男人们一招毙命的拳打脚踢吸收进去，

化解开来……

皮娜独自一人，一脸冷漠，在黑暗中轻舞，并陶醉其中。

这时，舞台上现学现卖的舞者们开始了平安二段的一套动作，
观众席上响起一片热烈的掌声。

舞台一侧，一个身材高大、长相滑稽的男人对着麦克风夸张地为舞者介绍呼吸法为何物。
"好，现在猛吸一口气……攻击！"
舞者们并没有给观众明确的暗示，告诉他们何时可以鼓掌。
所以一开始很多观众并不知道该如何作出反应，
不过很快他们便进入了状态，开始享受这场演出。

最后，我登上舞台，表演了平安二段，打倒了4个彪形大汉，引发一阵热烈的掌声。

所有的表演，都是即兴的。

皮娜和我都很开心。

1999年为北野武执导作品 *Brother* 作服装设计。

2002年为北野武执导作品 *Dolls* 作服装设计。

维姆·文德斯因《柏林苍穹下》[*Wings of Desire*] 这部电影获得了巨大的成功。

他的成功为他带来了更多的投资商，于是他决定拍摄下一部电影《直到世界尽头》

[*Until the End of the World*]。

这个新项目吸引了越来越多人的眼球，仿佛一个气泡膨胀开来。

听说他们决定拍摄高清电影，我便邀请维姆来日本放送协会 NHK 取经。

我们两个一起到了那里，却怎么也坐不住。

结果维姆开始玩起纸巾盒，试着把它折成女人那个特殊部位的形状。

"错了，错了，不是这个形状。"我看他一边折一边吵着这样说。

结果，在日本国营电视台的研究室里，我们就这样一直玩着纸巾盒……

至少在我记忆里是这样的。

回去的路上，记得车刚好开到高架桥下桥的路上，维姆突然问我说：

"耀司，你一定遇到过这样的工作吧？就是那种你明明知道注定失败，

却又不得不去完成的那种工作。"

那一瞬间，我甚至不知道该说些什么好。而后，我直勾勾地盯着前方的路，

对他说："没错，我遇到过。"

有时，一个项目会像气泡一样膨胀、失控。

秘

BROTHER

Preparation Script
2nd   Edition

株式会社オフィス北野

一次，小武对我说："在好莱坞拍电影，连小角色的服装都是花大价钱制作的呢。"

我猜他是妒忌了，想利用我试试看自己的能耐。

从电影和时尚的关系来看，《大佬》[*Brother*]比《玩偶》[*Dolls*]要成功得多。

对于时装设计师为电影设计服装这件事本身，我本就抱有很大的疑问。

我掌握不好设计的尺度，这点很难拿捏。电影服装设计真的是一件难事。

要是我来拍电影，我就直接使用成衣。要是成衣都不太合适，我倒是可以自己设计，

但是我一点也不想为主人公设计衣服。

结果我发现为电影设计服装时要服从剧本的设定，绝对不能超越剧本去设计。

为电影设计服装时，我不敢忘记这一点。从这个意义上讲，

和小武合作最成功的电影要属《座头市》这一部了。

设计初，有位电影服装设计的专家加入了我们的行列，于是我只是提供了一些设计概念，

而后的工作都拜托给那位专家了。

如果处理不当，电影服装便会抢了主人公的风头。

其实对我来说，比起电影服装设计，我更愿意去进行电影主题音乐的创作。

日本电影界的泰斗小津安二郎拍摄的内容虽然平凡无奇，

但他独到的镜头却以自己的视角直击主题，留给观众一片心碎的哀伤。

在小津的作品中看不到岛国日本先天的狭隘，

他所描绘的人情世故、行侠仗义具有全世界都可以接受的普遍性。

我总觉得小武和黑泽明有很多地方相似。

黑泽明执导的作品中既有享誉世界的名作，也有以失败告终的作品。

但他毫不气馁，有着"不拍完这一部我没办法进行下一部"的气概，制作的也是这样的作品。

小武的电影中我最喜欢的，是我没做过服装设计的作品，比如《小奏鸣曲》《花火》。

他的作品中对空隙及停顿的掌握独特却又恰到好处，令人感到不可思议。

本该这一处表达的内容却故意不表达出来。我也喜欢他电影中特有的高尚的暴力美学。

我并不担心小武的导演生涯。但作为他的朋友，我倒是有点担心他目前的状况。

不知为何颁发给我的奖项？

1994 年

法国艺术与文学骑士勋章

2004 年

当年度紫带勋章［春］

2005 年

法国艺术功劳勋章

2006 年

英国皇家艺术协会

HonRDI［英国皇家艺术协会荣誉会员］

2008 年

伦敦艺术大学荣誉博士学位

IV

残
影
的
反
击

松 冈 正 刚

2010年2月的那天，风中还带着寒气，藤本晴美跑过来对我说："耀司老师说想请您作为模特加入他新的男装时装秀呢。"我不明白其中原因，藤本小姐解释说："因为耀司老师读了您写的《日本式方法》[1]和《日本流》[2]这两本书，感觉就是在写他自己的故事。"

我25年以前就感觉"耀司的设计里暗藏着日本的秘密"，时至今日，我才知道原来他和我想法一致。哦，原来我的书里有些内容把我和耀司紧紧地联系到了一起。想到这，我便一阵窃喜，马上答应他作为模特参加他的时装秀。

第二次世界大战后50多年的今天，仍旧有很多顶级的日本设计师，包括建筑大师、内装大师、时装设计大师对外国人给他们的作品加上"日本风格"的标签表示出强烈的反感。

我认为他们这种被动、负面的反应主要来自他们认为"日本风格"这个标签本身建立在这些外国人对日本本质的最粗俗表面的理解。讽刺的是，这些大师中没有一位思索日本这个国家深处潜在的风格。

终于有些平面设计师意识到日本所特有的魅力，但他们的表现力却远远落后于映像作家、漫画家及电脑游戏设计师。同时，尽管他们体验着日本人身上与生俱来的创作手法，这些仅剩的艺术家们还是不能接受外界评价他们的

作品中的"日本风格"。日本人为什么会厌恶自己作品中特有的日本味道呢？这个令人厌恶的日本又是什么？或许他们想别人看到他们作品中的世界性。早在明治初期，中江兆民[3]便在日本海外应对综合征的病历上写上了"日本人有严重的恐外症和辱外病"这样的话语，这个病根到现在都没有根除。这个时候，听到耀司说："说起好吃的，我最喜欢白米饭配上腌好的小茄子。"我才能松一口气。

虽然我曾购买过耀司设计的衬衫和马甲，但是直到30岁，耀司设计的衣服才占据了我的衣柜。我买的第一件耀司设计的衣服是在涩谷西武百货商店里买的一件宽松的西装。

穿了一段时间恍然发现，它的黑色和织布黑陶的"提拉出来的黑色"十分相似，而它的无造作的简约之美又与小掘远洲的作品相通。

"织部黑"[4]是陶艺家古田织部[5]创造的陶艺色彩。一次，他在伏见家烧制了一个不对称的茶杯，被人取笑，为茶杯取名"怪器"[6]。就

1.《日本式方法》，NHK丛书，2006年9月出版。该作品是对自2004年起开播的8期《NHK人类讲座》进行总结归纳而出版的同名作品。该作品以"回忆的残影"及"推移演变"为轴，对自古代至现代日本丰富多彩的社会文化进行了解读。

2.《日本流》，朝日新闻社，2000年3月出版；筑摩出版社，2009年11月再版。序章中融入日本人已经忘却的传统歌谣为素材，进而引出第一章至第七章中分别以"结构""别出心裁""模仿""恬静""对照""间隙/停顿""形"为关键字进行的阐述，探讨了日本式方法的可能性。

3. 中江兆民在他的作品《一年有半》[1901]中提到过两种病例。一种是过分惧怕外国人及外国文化的恐外症，而另外一种则是侮辱外国的大国沙文主义的辱外症。罹患这种病的日本人不在少数。外国船只驶入日本港后，这个问题开始凸显出来。

4. 织部黑是织部烧的一种，润黑的陶器表面上随意地点缀白色图案，茶杯整体呈现不对称。黑釉和白釉分前后烧制，因此黑白对比清晰明快。图案则以几何图形为主。

5. 古田织部[1544-1615]，日本桃山时代著名的茶道家、陶艺家。古田曾侍奉过织田信长和丰臣秀吉两位统一了日本的将军，织部这一封号便是两位将军所赐。因其在小牧之役及收复九州两大战役中的出色表现，他赢得了京都西冈约合三万五千石的资产。早年便从师于日本茶道的奠基人利休，在茶道界崭露头角，发明了大胆的织部烧及茶室，确立了其"织部喜好"的特殊审美情趣。

6. "怪器"中的怪字，在日文原文中叫作hyogemono，他的原意是指虽然失败了，并且结果很糟糕，但却令人愉悦。在这里，它指代的是器型中不平衡、不对称的美感。庆长四年[1599]，织部于伏见大屋首次展示了不对称的茶杯，同席观赏的博多市富商神谷宗湛看到此器，"怪器[hyougemono]"脱口而出。自那之后，织部所做的茶碗和他自己被世人统称为怪[hyogemono]。

在这件事发生不久之后，他创造出了这种大胆的"提拉出来的黑色"[7]。这种黑色呈现在茶杯上，比其他任何黑色都更深、更浓。古田通过在器物表面加上大量釉料，烧制时确保黑色已经被提拉出来，进而创造出这种特殊的、漆器般的色彩。耀司的黑色和这种大胆的"提拉出来的黑色"非常相似，只是他的黑色不是静态的，而是充满动感的黑色。

小堀远洲[8]为桂离宫做内部装饰时，使用了在黑色上点缀金色斑点的技法，以体现细节美。而后他把这种技法运用到了茶道之中。他制作的茶杯并不是黑色的wabi［谦逊，不做作］式茶杯，反而故意制作了带有典雅纹路的白色茶杯。这便是"无造作之美"[9]，无造作之中，出人意料地加入沉淀的苦涩，加入一丝哀愁。

从无造作到苦涩，虽然苦涩但美不可挡。

这便是远洲的第一次风格转变。他的"无造作之美"的简约主义，经工作在飞驒高山的金森宗和[10]之手，进而发展成为"公主无造作"[11]。尽管当时的女性并不关心茶道，但金森宗和之后，他的"公主无造作"便风靡了整个女性社会。

我在耀司的作品之中，也感受到了这种无造作的简约之美。他设计的男装中，我看到了织部、远洲的影子；而他的女装之中却又隐现着宗和的影子。他直觉中达到了先人的感知力，这种力量表现在他作品中处处隐现的日本式创作方法之中。我书中描述的，便是这样的日本式方法。

耀司公司的工作人员联络我，要了我的尺寸，没过多久，我便受邀来到耀司的工作室试穿。我到的时候，耀司、他的工作人员和那几天一直采访我的《热情大陆》栏目组工作人员，当然还有藤本晴美都已经在那里等我了。

耀司的工作室，顶棚非常高，是个非常舒服的地方。眼前的工作人员忙忙碌碌、走来走去，我和耀司却在偷闲吸烟，小声地相谈甚欢。这么大的一个工作室内，在哪里都可以吸烟，我的工作室倒是也能随便吸烟。工作室就应该这样才对。

吸完不知是第几支烟的时候，我和耀司都深深感觉我们有着相通的起点和终点。悬在两点之间的则是日本这个国家，但诞生在日本的织部的黑和远洲的白在耀司身上已有了新变化。应该说在他身上看到的是加入了维姆·文德斯

---

7. 涂满黑色釉料的濑户黑和织部黑在烧制过程中产生窑变，黑色釉料的颜色被完全提拉出来，黑度较其他黑色更加深邃，更有层次。因此这种黑色也被称作"提拉出来的黑色"。

8. 小堀远洲是桃山时代［1579-1647］和江户初期极具代表性的茶道师、陶艺家、园林设计家、空间设计家。他曾为日本历史上最为有名的将军丰臣秀吉及其后继者德川家康、德川秀忠、德川家光效力。作为茶道师，他倡导"无造作之美"；而作为主管建筑施工的普请奉行，他曾指挥施工过京都的仙洞御所、大阪城本殿、京都二条城辅殿等重要历史场所。而他在茶室及园林设计方面的造诣，则以大德寺龙光院的密庵茶室、大德寺孤蓬庵的忘筌茶室及南禅寺金地院的八窗席茶室最为有名。

9. 远洲派茶道中茶汤的美学被统称为"无造作之美"。这种提倡极简主义的审美情趣是在"内在的朴素之美［sabi］"的基础上，加入"外露大胆的奢华之美"元素后形成的独特审美。最初，他只是在黑色底色中零星点缀金色装饰，以追求朴素中的奢华之美。而后，他开始追寻在白色茶杯外精致的曲线美，从而确立了"无造作之美"这一典范。

10. 金森宗和［1584-1656］是江户时代有名的茶道大师。作为飞驒高山城城主的他，剃度为僧，远离俗尘，得法号宗和。他也曾作为丰臣秀吉身边的参谋，陪伴其左右。作为茶道大师，他创立了宗和派，为天皇及日本贵族业演茶道，其优雅娴静得到了日本上流社会的追捧。他的审美趣味特别受到了女性社会的欢迎和爱戴，自此成为专为女性提供审美情趣的"公主无造作"。

11. 金森宗和所倡导的审美综合了物雕琢的朴素之美［sabi］和带有哀伤情趣的美［wabi］，有着花哨浮夸的情绪。而这种审美情趣从茶道艺术延伸到了和服、陶艺、文学艺术及戏剧等更加宽广的艺术领域。

的织部和混入了安德列·塔科夫斯基的远洲。

我们间的联系还不止这一点，很明显我们各自生命之中，有些片段是那么相似。我们的对话好似一场捉迷藏的游戏，我们不断在彼此的故事中找到藏着的"伙伴"。先找到了蚊帐、混花和服[12]、锡制的玩具，又找到了捞金鱼[13]、节庆活动、粉点茶杯[14]、茶渍饭。所有这些都闪烁着日本创作方式方法的睿智。在我们记忆的角落，也散落着许多相通的文化人物：相扑选手枥锦[15]、歌手美空云雀[16]、摄影师土门拳[17]，还有作家涩泽龙彦[18]。这就是我们共有的世界，我们都清晰地意识到日本式方法对我们的深远影响。现在这样的影响演变成"织部·文德斯"和"远洲·塔科夫斯基"，它进化成薄暮景色把同龄的我们共有的记忆团团围住。

定睛看去
荠菜花开围栏处 ［俳句诗人芭蕉］

沙地写"日本"二字
急雨迎头下 ［俳句诗人一茶］

我对日本本质数十年的考量，完完整整地表现在芭蕉和一茶所作的这两句俳句之中。也只有在转瞬即逝的残影之中，我才能感受到日本式和日本特征特有的意象。

不留心观察，如何找到悄悄盛开在围栏处的荠菜花？除非有人提醒，不然事后谁能想起道旁的小花？与此相同，也许有人会在沙地上写上"日本"两个大字，却会在一场急雨中被冲刷干净。只有在回忆中摸索，试着想起的时候，"日本的残影"才会出现眼前。因此它不可能通过数据、设计图或数字影像来具象地加以记录。这般细腻的残影将永远深藏在日本文化之中。从古时的《万叶集》到浮世绘，从能剧大师世阿弥[19]

12. 混花和服是指以背线为中心，左右两边，衣身和衣袖各个部分使用不同花纹和式样的布料制作而成的和服。这种样式的和服最早起源于桃山时代，时兴于江户时代，配合当时最为流行的短袖和服，成为当时最先端、最洗练的风尚。最常见的样式为衣身宽大、衣袖狭窄，而衣领偏短。

13. 捞金鱼起源于江户时代，是日本神社、寺院举办夏季庙会时的一道风景，充满了度夏情趣。用薄纸糊成的算子捞畅游在长方形或圆形的水池里的金鱼，用力过旋，糊在算子上的薄纸便会破裂，日本的男女老少都享受着限制中捞金鱼的美妙体验。

14. 粉点茶杯是指对涂抹在胎上的白色釉料进行吹拉再烧制，使其表面形成凹凸感的制陶方法。这种制陶方法来自朝鲜半岛的高丽文化，传到日本后成为流行，"残雪"是粉点茶杯的巅峰之作。

15. 枥锦［1925-1990］是昭和时代最为有名的第44代横纲级相扑选手。他家属于日本最为有名的春日野稳屋。1952年晋级大关后，连胜10局，与当时最强的竞争对手若乃花同为相扑迷心中永远的偶像。退役后，他成为日本相扑协会理事长，为相扑界带来了改革的新风。

16. 美空云雀［1937-1989］是第二次世界大战后日本最富有望的演唱歌手。幼年时的完美唱功便得到了肯定，12岁出道时便创作出《越后舞狮之歌》《哀伤的口哨》《苹果花咏赞》等诸多时代金曲。而后她的事业达到了顶峰，创作出《悲酒》等无人能及、经久不衰作品。

17. 土门拳［1909-1990］是日本极具代表性的摄影家。早年师从名取洋之助学习新闻摄影。第二次世界大战前曾创作过诸记录木偶戏剧文乐及古剧的作品，以其独特的节奏感吸引了诸多摄影爱好者的目光。第二次世界大战后，他凭借《筑丰的孩子们》风靡一时，拍摄了诸多社会写实风格的作品。而后，他再次回归对日本传统文化的记录。

18. 涩泽龙彦［1928-1987］日本文学家、翻译家、作家。早年他翻译了萨德伯爵的作品，而后创作出《毒药笔记》《黑魔术笔记》《异端肖像》及《人类情欲论丛》等异想天开的作品。其中短篇小说集《犬狼都市》及《唐草物语》《睡美人》《神秘方舟》等确立了他的文学名望和地位，《高丘亲王航海记》是他写作事业上的里程碑。

19. 世阿弥［1364-1443］是日本町室时代能剧的最大成就者。在其父观阿弥的协助下，彻底改良了曾经最为底层社会取乐的剧种猿乐，使其成为一种高雅艺术。此外，他也创作了包括《风姿花坛》［花坛书］、《花镜》、《至花道书》、《拾玉得花》《申乐谈议》等多部作品。这些作品使得他成为世界历史上艺术造诣最高、贡献最大的创作者。

到作家镜花[20]，从陶艺家鲁山人[21]到漫画家大友克洋[22]，全部都得益于日本的残影，通过各自独特的表现传递给世人。我在耀司身上看到的日本特征，也是来自于此。

这样的残影，本质上便有推移演变的"不定性"特点。不同地点，不同契机回忆闪现的残影摇曳不定，难以推测。这便是日本残影的本质特征。它并非静止不动，所以难以用制度、民主或是五线谱等有形的系统来表现。

耀司为我设计的是一身黑色西装和一件白色衬衫。在左右衣襟的中央位置上他设计了两个看起来像衣兜的部分，白衬衫的衣领边缘折了一个小小的角度。我还没来得及仔细端详这些细节，工作人员便迫不及待地扒下我穿着的衣服，迅速帮我穿上了耀司设计的衣服，随后把我引到穿衣镜前，对我说："现在请您从这里径直走向耀司老师的位置。"

咦？这就开始走了？这样想着的我注意到身边已经准备好拍摄的摄像师。我刚刚迈出第一步，便开始担心这双我还没有穿惯的新鞋。站在7米开外的耀司，双手交叉在胸前，一只手摸着鬓角的胡须。他的眼中透着一丝同情，却又

充满了悲怅。他目光敏锐地观察着我的全身。然后我开始走向耀司。虽然只有短短的十二三秒，我却感觉到衣服包裹住我的身体时带有那种空气感。"嗯嗯，这衣服好，简直太棒了。"那一瞬间，我发现我穿着的是一种哲学，它就蕴含在这套耀司亲手为我设计的衣服里。

走到耀司面前，他扬起嘴角微微笑着对我说："好，非常好。"我又站回穿衣镜前，注视着另一个日本式方法的完美展现。衣服创造出"耀司·正刚·山本"。我，正刚，变成他想法中的一部分。

回想起来，耀司已经有19年没有在东京举办男装发布会了。最后一场是和Comme des Garçon合作的"6·1 THE MEN"。而我作为模特参加的这一场叫作"YOHJI YAMAMOTO THE MEN 4·1 2010 TOKYO"的男装发布会，是耀司一个人的舞台。地点选在了由丹下健三设计的代代木第二体育馆。藤本晴美负责这场发布会的舞台和灯光设计。

除我之外，耀司还邀请了演员石桥莲司、音乐家釜萢弘["Monsieur" Kamayatsu]、小说家椎名诚、足球教练菲利浦·特鲁西埃[Philippe Troussier]、设计师宇野亚喜良及民族歌手Agata森鱼等人。工作室内挂满了为他们特别设计的衣服。想必数十年来，时装秀举办前的这般景象曾数十次数百次地出现在耀司的工作室里吧。但是看着眼前这般景象，我心中涌动的感慨却是为了其他的事情。半年前，新闻中传来耀司的公司申请了民事更生法破产保护的消息。简单来说，就是耀司的公司遇到了困难。耀司没事吧？他还能继续下去吗？大家听到消息后无比震惊，而

---

20. 泉镜花[18/3-1939]是日本著名的文学家。早年从师尾崎红叶，创作出广受好评的《深夜巡查》《外科病房》。而后创作了《照叶狂言》《歌行灯》《高野圣》等幻想题材的作品，名声大噪。创作了《日本桥》《妇系图》等描绘女性特有浪漫主义情怀、情欲的伟大作品。

21. 北大路鲁山人[1883-1959]昭和时期日本极具特色的陶艺家、料理家。出生前便失去了父亲的鲁山人，幼年时期又经历了丧母的苦痛。被人收为养子后，青少年时期便显现出优秀的书法才能，曾以篆刻为生。1925年受邀成为东京星冈茶寮的顾问，负责监督指导厨师。而后转居北镰仓，一心进行陶艺创作，形成了自由奔放的创作风格。

22. 大友克洋[1954年 -]，日本著名漫画家。1973年以作品《枪声》在漫画界崭露头角。1979年的《短篇作品集》被评为新浪潮派作品。他的作品《Highway Star》《童梦》和《战争的味道》以异世界的赛博朋克世界观见长。创作于1984年的《AKIRA》是他巅峰之作。

我却在消息发布前便隐隐地知道了一些内幕。

事实上，听到这条新闻几个月前，新泻市主办了安吾奖[23]的评审颁奖仪式，我作为评委一直向评委会推荐山本耀司。

评审会成员中很多人对耀司的影响并不熟悉，他们反问到究竟耀司什么地方配得安吾奖？针对这个问题，评委会展开了激烈的讨论。我将耀司同坂口安吾的作品《堕落论》和《日本文化之我见》联系到了一起，宣称日本只有从他的作品中才能读到安吾的哲学。没想到，这样的主张居然赢得了评委会的赞同，新泻市政府也与耀司办公室取得了联系，进行了试探。但不久后，却从市政府传来了这样的消息："山本耀司的公司目前正面临一些困难，很难断定其今后的发展。因此，新泻市政府决定先静观其变，日后再定。"

安静地听着他们的决定，一股怒气自内而生，我反论道："讽刺的是，耀司公司经历的困难使得他更适合，更有资格被授予安吾奖。"但这点并没有得到新泻市政府的支持。

有了这样那样的经历，我才能站在耀司举办的"YOHJI YAMAMOTO THE MEN 4·1 2010 TOKYO"的舞台上，成为T台上的一道身影。日本有句古话："大祸之时，听神明之语。"其中所谓大祸之时，便是耀司喜欢的举办活动的下午4点半之后的黄昏时分，而日文中表示新一天

的开始的"旦"[24]字便是在这个时刻开始的。

时尚是商业化的行为，这自不用说。但也是一种生活方式，其本身也是一种文化。脱离经济效益的狭隘局限，来评价时尚和文化，则需要极大的勇气和热忱。当然，也需要一些时间才行。

我家曾经在京都经营过一家干洗店，它经历2次破产的威胁，最终倒闭。而后，我的父亲又在横滨的元町开了一家和服店，但没撑过半年便宣告破产。但那半年，父亲热情地向我展示了和服潜质的卓越性。父亲对和服独到的眼光，证明了伯纳德·鲁道夫斯基[Bernard Rudafsky]说过的话："日本人只有在放弃穿和服50年后才能感悟到和服所具有的真正价值。"

16世纪末，日本桃山时代，绘染[25]曾是流行的浪尖。但仅仅在几年之后，这种染布形式便消失不见了。对此，目前还没有任何人可以给出一个合理的解释。但几十年后，绘染却因舞蹈家出云之阿国[26]的走红而得到了复兴。出云以其反抗性的"朋克"意识，确立了当时的女性时尚坐标，掀起新的时尚狂潮。而后又经过数十年的发展，这种时尚风格又因成为歌舞伎演出服装的样式而再度复兴。

时尚界的这种进化是个司空见惯的常态。

23. 安吾奖于2006年在日本新泻市创立。表演艺术家野田秀树、登山家野田健、佛教小说家濑户内寂听及表演艺术家渡边健分别荣获当年度的安吾奖。该奖项的评委会会长为野田一夫，本文作者松冈正刚曾于第二届安吾奖评奖时自荐会长之职，但其建议并未被采纳。

24. "元旦"的旦字在古代日本社会指的是新的一天自前一天的傍晚开始这一时间点。"傍晚"结束时即是"明天"的开始。古时这段新旧交替的时点也被称作"大祸之时"，古人认为这正是神明旨意下达的时点。

25. 绘染始于奈良时代[710-794]，后发展成为结染、叠染和缝染等彩染形式。桃山时代[1573-1603]彩染匠人们开始将这些彩染方式融合在一起，发明了以花纹见长的绘染技艺，成为当时的流行。而后包括绘染在内的各种技艺被统称为友禅，绘染这个名称便淡出历史舞台。

26. 出云之阿国是Yayako[婴儿舞]和歌舞伎舞蹈形式的创始者。天正十年[1582]她首次在乃亮的春日若宫主殿前表演了Yayako，19年后的庆长六年[1601]在京都的北野天满宫及贺茂的河原两地表演了穿着绚丽的歌舞伎舞。至今，她仍然对日本文化产生着巨大的影响。

时尚，不管是作为商业行为，还是作为时髦标志，它永远在消亡心酸和大胆复兴的欢愉间游走。尽管心酸和欢愉属于两个对立的极端，一个消极哀伤，一个积极快哉，其实，它们本质上是相同事物的两个表现。

有一种技法叫作"设限"。它是指建立一种内在的界限。比如在园林设计中，设计师口中的"限视"指的便是一种在庭院中设立竹栅栏、篱笆或一条曲径来限制可以看到的东西的技法。桂离宫便是最有名的设计代表。日本的工匠很早便会系统地学习"设限"技艺，而后越界地把这种技艺运用到各种设计之中。

耀司的设计中便融合了这种技艺，可以说没有这种技艺也没有他的设计。而这种设限技艺并不仅仅表现在剪裁和缝纫手法上，在他的生活方式及时间安排上我们也可以看到它的影响。设限并没有界限，因此追求完美设限的设计师们也会因此而感到劳累。但耀司欣赏这种技法，并孜孜不倦地去追求、去开拓。他便是这样一位大师。

简单来说，男装领域中的设限技法表现在对衣服各个部分接位的有效运用上。从人类身体的层面上来看，是对关节的细致考量；而从武术层面上来看，则是关节技的有效应用。

关节技掌握程度越高越想超越它的限制。从耀司的工作方式中，我们可以看到他对设限技艺的深入掌握，并且把它运用到了自己的设计当中，因此他有着巨匠特有的深思熟虑。这样的耀司绝对不会仅仅因为申请了破产保护而放弃他的工作。

4月1日终于到了。时装秀晚上8点开始，4点刚过我们被叫到会场集合。化妆间里，我终于见到了其他"临招模特"们。因为7点以后才开始穿衣服打扮，我们便闲聊起来，又去走了走过场。

三宅洋平的乐队正在排练着童谣歌曲。耀司因为读了我那本《日本流》，也十分赞同其中对日本童谣的赞美论调，便决定要在时装秀上用日本童谣作为整场秀的背景音乐，当然是经过洋平重新编曲和重新演绎的日本童谣。他们的全新演绎让我不禁想起改良了古筝[27]的宫城道雄所提倡的"新日本音乐"风潮，也想起了早坂文雄以交响乐的形式将日本北方少数民族阿伊努族的史诗Yukar搬上舞台的壮举。当晚的音乐改良远比他们来得狂野、激烈，但我喜欢其中淡淡的哀伤。

回到化妆间，工作人员帮我们穿好了衣服。每一件衣服都很适合穿衣人。在日本，肖像的肖字读作ayakaru［受到其他事物的本质影响而变得相似］，象征的象字读作katadoru［重新塑造］。这两种含义用在当晚的临招模特身上合适不过：椎名诚和菲利浦·特鲁西埃看起来便像是受到其他事物的本质灌输而变化的"肖"；而宇野亚喜良和Agata森鱼则更像是被重新塑造的"象"。

穿戴好后，我还有些时间，于是我走到洗手间，看着镜子中的自己。我试着把手插进衣兜里，发现这个动作根本不费半点力气。我之前便注意过耀司在衣兜上的设计，不过这次的亲身体验让我对耀司技艺的认识又上了一个新的

---

27. 古筝，在日本被划分为琴的一种，而琴是弦乐乐器的统称。古筝备有一个共鸣箱，通过移动弦下的立柱实现调音的功能。古代日本琴一般有6条弦，但在江户时代初期，在曲作者八桥检校创作出的无数作品的推动下，古筝发展至今，弦数已经达到13条之多。宫城道雄所作的《春海》及细川俊夫所作的《筝歌》为古筝曲的代表。

层次。他设计的衣兜，是啊，这便是可以看到耀司高超技艺和艺术成就的地方。

接着，我又脱下西装上衣，试着重新穿起它来。这个动作极其轻松，穿脱极其顺畅。让我不禁再次感叹，集结在衣服上那好几层日本传统技法的"残影"的重叠。我的这套西装和白衬衫的每一个部分上都凝结着日本的智慧：雅致的微妙[fukumi]体现布料的颜色，舒适的弯度[nejiri]调整布料在身上的位置，细腻的感伤[shiori]表达出衣服的情绪。因此，把它们穿在身上便会感到特有的舒服。

耀司设计的衣服超越了传统时尚常识对男装和女装的理解，超越了男性女性的限制，成为一种新的时尚理解。但这种理解并非由耀司所创，我认为这样的超越深深地植根于日本古代对记忆残影的继承和发展之中。

据我所知，日本的时尚起源于大神伊邪那歧[28]在其妻子即女神伊邪那美死后净身的那一刻。这个仪式促成了伊邪那歧三个孩子天照大神、月读和素戋男[29]的诞生。天照大神代表了所有光明和平静，月读遮蔽了黑暗中的光明，素戋男充满野性和不羁。在日本神话中，这三个孩子由伊邪那歧通过单性生殖带到这个世界之上，那时还没有男性和女性的区分，原始女性则被忽略、被遗忘。

自那以后，日本时尚核心之中，时刻涌动着一条跨性别、变性别的暗流。而后，通过"净身"出现的空虚、单一的状态发生了变化，为男女两种性别的出现创造了条件。

穿耀司设计的衣服，还有一点感想和大家分享。众所周知，历史上日本经历过数次外来文化带来的形、色、技法上的植入。最初，这样的植入来自中国和朝鲜半岛，他们带来的影响是十分长远的。但日本将这些外来符号以日本固有的模式进行再加工，再创造。

最好的例子便是，中国的汉字在日本的使用。尽管汉字填补了日语书写载体的空白，但日本人使用汉字的方法一定和中国的不同。绳文文明之后，日本古代诗集《万叶集》中使用大量的汉字来表达现存字汇的发音，而非直接使用汉字本身的意义。在汉字的基础上，日本人甚至创造出了记录发音的假名系统。还有很多这样的例子，生动地说明着日本对这些外来符号的尊重和为己所用的智慧。

比如中国的门板在日本表示推拉的障子门；中国弯曲坚韧的青龙刀在日本被打造成没有任何弧度的日本刀。当然，故事到这并没有结束。在日本，奢华的美和朴素的美不停地互相替代、互相转换着。

我们来看看日本的设计便会明白，奢华的美体现在中尊寺内的金色堂、金阁寺和日光东照宫里使用的朱红漆的装饰当中；而朴素的美则体现在障子门、禅、枯山水石园、银阁和桂离宫之中。表面上看，尽管这样的审美情趣依然为主流，但实际上自江户时代起，产生了许多新的审美价值观，包括通[高超的鉴赏能力]、粹[风流偶觉]、伊达[侠义气概]、洒落[时

---

28. 伊邪那歧和伊邪那美为日本神话剧作《古事记》中最初出现的男女神明、夫妇神明。他们繁育了火神加具土命等非人类的异类神明。但失去妻子的伊邪那歧，为了追随妻子而"净身"，便生出了天照大神、月读和素戋男三位贵神。

29. 天照大神掌管着高天原神殿，管理太阳，素戋男掌管着出云神殿，管理风暴。天照大神之孙彦火琼琼杵降临人间，支配了整个日本。月读主管月亮，在日本神话中处于下层地位，并没有作大多介绍。

髻]。外在体现的奢华艳丽和内在体现的朴素平淡看似对立，却巧妙地调和在一起。

甚至茶道中也出现了表千家和里千家两种"表""里"调和的派别。这些都是审美情趣反转倒置的结果。

而后审美情转而关注物与物之间的"空隙"。屋顶使用窄瓦的话，房子面向街道那一侧的格栅就要选用大的；如果和服的腰带较宽，则只需要加上一个装饰性的半领来达到平衡。所有设计都开始关注起处于中间位置的"空隙"和空间。

时尚界的这种思考模式绝对不能适用于以人体曲线为基础的时装设计中去。应该说，这种模式下设计可以分为两个层面。一个层面是由一系列的小创新来引导一个又一个新的创新，而另一个是由整体的大概念启发各个细节的创新。而诸如"配对""叠络""和谐"这样的创作手法也为时装设计提供营养和土壤。

我在洗手间脱穿耀司设计的西装外套，是在摸索耀司设计理念和理念后的日本残影，当然我也很享受这个逆向工程的过程。

马上轮到我走台了。站在T台下的耀司默默地对我点头，示意我上台的时间。看到前面的椎名诚已经走到了T台中间的楼梯处，我慢慢地走上台阶。我走在长长的玻璃T台上，感觉自己好像德里克·贾曼[Derek Jarman]执导的电影《英格兰末日》[*The Last of England*]里走在路上无关紧要的一个行人。

背景音乐换成了另外的一首童谣，是慢节奏版的《海边的歌》。我的心跳开始加速，感叹着现场的演奏比排练时还要来得激烈，来得让人感伤。

我甚至有点担心自己会情绪激动，但我还是平静地完成了自己的部分。我鞠躬谢幕，在离开T台时，不知为何我又想到了罗伯特·梅普尔索普[Robert Mapplethorpe]的黑白摄影作品。我的第一次时装秀模特体验，就此而终。

从试衣那一日起，到参加走秀的今天，耀司只是默默地观察着我，守护着我而已。他作为设计师的加法和乘法运算早就已经结束了，现在就要看他本人如何进行减法运算了。

我对耀司其人其事，感触良多，想法至深。这些话说也说不完。因为由太多和我对日本的发现相互关联，相互呼应。

但是为了这本书，我只想再多说2-3句便可。我想这更符合这本书的感觉。

第一点，我和耀司都是无政府主义的产物。正因为我们原本一无所有，我们才得以安全地活下去。

第二点，我们两个都相信在十分重要的大事面前，犯最无礼的错误也是可以被原谅的。我们也曾在实践中坚守这一信条。当然这种想法和净土教、禅学，以及武道并非没有联系，只是我们的想法更接近于对自我不确定性的了解和认识。

第三点，有些人会针对一些人或事大发雷霆，而我们的目的却是完全相反的。我们认为每一天都是脆弱的，我们想要找寻的是表现其意义的方式。

我和耀司只是想得到那些残影来反击报复我们。那些残影有时深深刺入日本的深处，而耀司却把那些残影深深地藏在心里，不轻易让我们看见。

图书在版编目 [CIP] 数据

山本耀司：我投下一枚炸弹／（日）山本耀司，
（日）满田爱著；化滨译 . -- 重庆：重庆大学出版社，（2021.7 重印）
书名原文：MY DEAR BOMB
ISBN 978-7-5689-1788-9
Ⅰ . ①山… Ⅱ . ①山… ②满… ③化… Ⅲ . ①山本耀司—自传 Ⅳ . ① K833.135.72
中国版本图书馆 CIP 数据核字 (2019) 第178669号

山本耀司：我投下一枚炸弹
Shanben Yaosi: wo touxia yimei zhadan
［日］山本耀司　　［日］满田爱 著　化滨 译

责任编辑：张维
责任印制：张策
责任校对：关德强
书本设计：小马哥 橙子

重庆大学山版社出版发行
出版人：饶帮华
社址：[401331]重庆市沙坪坝区大学城西路21号
网址：www.cqup.com.cn
全国新华书店经销
印刷：天津图文方嘉印刷有限公司

开本：640mm×930mm 1/16 印张：12.5 字数：148千字
2019年11月第1版　2021年7月第3次印刷
ISBN 978-7-5689-1788-9 定价：68.00元

版贸核渝字［2017］第280号

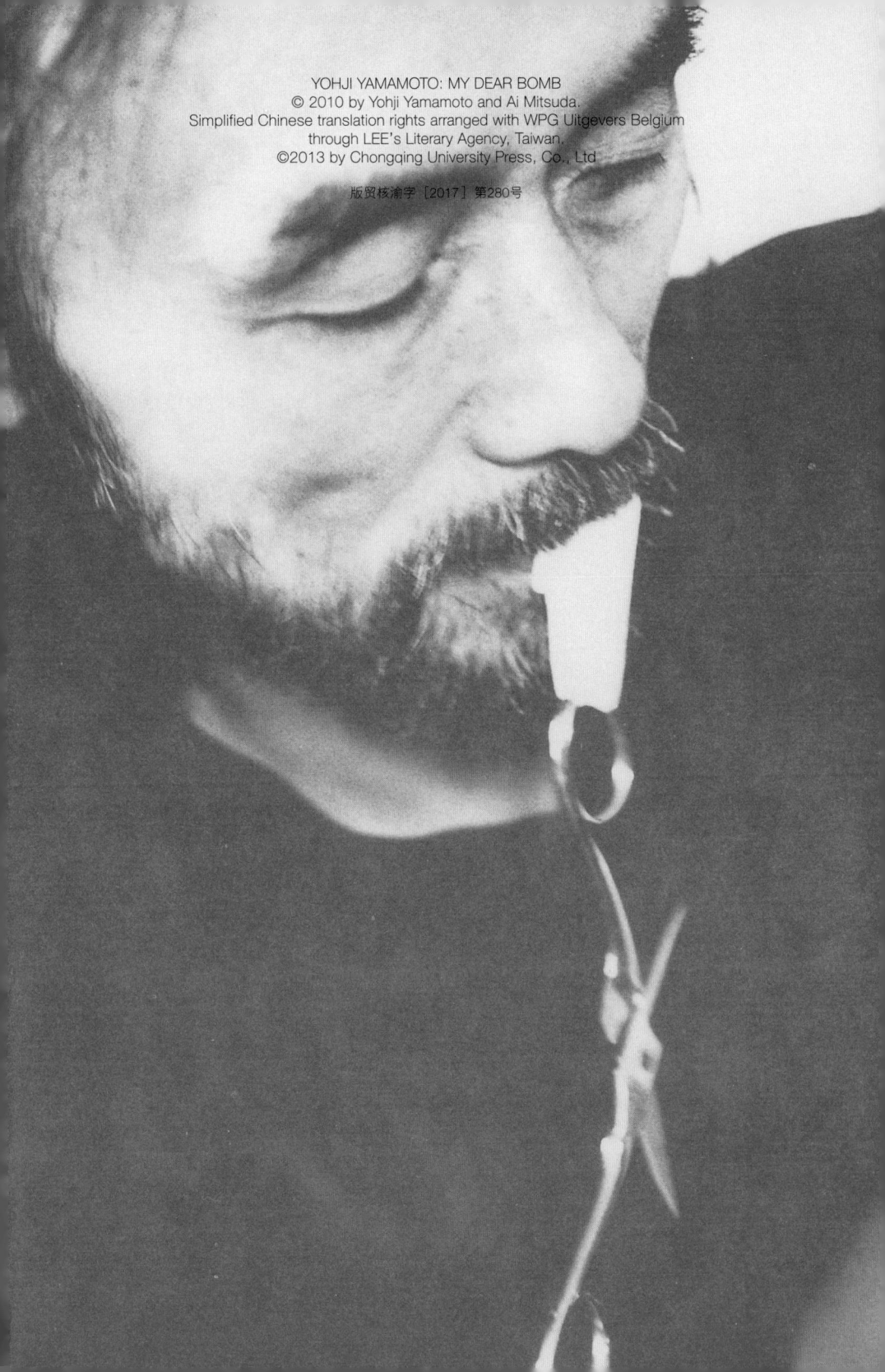